〜マリアージュ Mariage〜

運命の相手に出会う新法則

見えないチカラを使って
3ヶ月以内に理想の人《ツインレイ》を引き寄せる!!

大原彩奨
Yusho Ohara

廣済堂出版

はじめに

この本は、次のような人に向けて書いた本です（思い当たる項目があれば、チェックを入れてみてください）。

□ ５年以上彼氏がいないアラフォー女性
□ 友だちも、まわりにも独身が多い人
□ 異性の友だちはいるのに、なかなか恋人ができない人
□ 自分なりにいろいろやってみたけれど、まったく状況が変わらない人
□ もうそろそろ今の状況から抜け出したいと本気で思っている人

Prologue

そのほかにも、恋愛や結婚に行き詰まりを感じ、「今の自分を変えたい」と思っている女性もあてはまります。

本書は、そんな女性が、これまでの自分の殻《から》を破り、「本当の自分」になって自分らしく生きていっていただくために書いた本です。

「願えば叶う」という言葉がありますが、「誰よりも強く願っているはずなのに、なかなか思い通りにならない」と、感じることってありませんか？

もしも、「願っているのになかなか叶わない」という場合、それは頭のなかでだけで考えていることが原因かもしれません。

いくら頭のなかで「こうなったらいいな」と考えていても、それだけでは願いを叶えるまでにまだたくさんの時間を費やすことになるでしょう。

あなたが願ったことを叶えるためには、頭で考えるだけではなく、行動に移す必要があるのです。

「今、何もしなければ、
昨日と同じ今日がきたように
今日と同じ明日が、この先何年も続きます」

これは、恋愛や結婚に悩んでいる人に対し、私がいつもお伝えしている言葉です。**今、新しい一歩を踏み出せば、確実にこれからのあなたは変わります。**

私たちは、思っているよりも簡単に昨日までの自分を変えることができるものです。

この本で紹介しているワークをやってみたり、意識のスイッチを切り替えたりするだけで、これまで何十年も付き合ってきた考え方や習慣を一瞬で手放すこともできるようになります。

執着を捨て去り、こだわりを手放し、思い込みの鎖《くさり》をはずして、まっさらで

Prologue

ニュートラルな自分に戻った時、あなたは今まででいちばんリラックスした状態でいられるようになります。

そして、そんな状態に戻ったあなたは無敵で最強。**人生が思いどおりに好転し、間違いなく幸せを感じる世界が待っている**はずです。

この本では、そんなふうに思いどおりの人生を自分で選んで生きていくための「考え方」や「行動」のコツを、ありとあらゆる方向からお伝えしています。

Chapter1では、なぜ今のあなたの恋愛や結婚が思いどおりにいかないのか、その理由を考察しています。

あなた自身も気づいていない意外なことが、恋愛や結婚にブレーキをかけている原因になっている可能性もあります。ドキッとすることも書いてあるかもしれませんが、少しだけ耳を傾けてみてください。

Chapter2では、いい出会いがない今の現実の世界をつくっているものの正体について説明しています。

理想的な出会いが舞い込んできたり、願ったとおりの未来を手に入れることができるコツについても紹介しています。

Chapter3では、ツインレイを見つける方法について紹介しています。

ツインレイとは、今まで別々の場所で生きていた二人が、今の世界で再び出会うことができるようになった運命の相手のこと。一緒にいることで、ただただ幸せな気持ちになれる相手のことをいいます。

Chapter4では、あなただけの幸せの探し方のヒントを提案しています。

誰の思惑にも揺るがない、「本当の自分」に戻るための方法も掲載していますので、ぜひためしてみてください。

Chapter5では、「選ばれる女」になるための25個のルールを掲げています。

恋愛はもちろん、仕事やプライベートでも、あらゆるチャンスをつかめる人になるための秘訣が詰まっています。

いろいろなことに迷いはじめた時こそ、自分が変わるチャンスです。

ページをめくるたびに変わっていく自分にワクワクしながら、この本を読み進めてください。

〜マリアージュ Mariage〜 運命の相手に出会う新法則

目次

Chapter 2

あなた自身が変わる以外に、やることもできることもありません！

Chapter 3

「運命の赤い糸」は存在する！
あなたを変えるツインレイの法則

Chapter 4

見えないエネルギーの力を使って、「永遠の愛」を手に入れる方法

Chapter 5

男性から愛される人のエネルギーと愛されない人のエネルギーの違い

Chapter 1

恋愛、結婚への執着をなくすと
運命の人がやってくるっていうけど、
それってどういうこと？

「結婚したい」という執着が、あなたを結婚から遠ざけている

恋愛や結婚に執着していませんか？

「どうすれば、運命の人と出会えるの？」

「好きな人とお付き合いができて、結婚するための方法は？」

「今まで恋愛でうまくいかなかったのに、幸せな結婚なんて本当にできるの？」

「素敵な男性はみんな結婚していて、私のまわりには残っていない……」


そんなふうに、恋愛や結婚について考えた時、漠然《ばくぜん》とした不安な気持ちになったことはありませんか？

じつは、**あなたが感じたその不安は、あなたが恋愛や結婚に執着しているサインかもしれません。**

ここで少し「執着」について考えてみましょう。

執着は、ネガティブなニュアンスで使われることが多い言葉のひとつ。そのせいか、「恋愛や結婚に執着しているのでは？」と言われたら、「そんなことないよ」とすぐに否定したくなるもの。

こだわりをこじらせてしまい、重くて苦しい状態。執着には、そんな雰囲気が漂っています。

ところが、執着もはじめから悪者だったわけではありません。感情のスタート地点では、誰もがみな夢や希望に向かうワクワクした気持ちだったのです。

恋愛や結婚で考えてみると、わかりやすいのではないでしょうか。

「素敵な人と出会いたい」「大好きな彼から愛されたい」「幸せな結婚をしたい」

などと、直感的に思いはじめた頃は、未来の恋愛や結婚に対してワクワクした気持ちがあったはず。

それなのに、途中からだんだん「いい出会いさえあれば、幸せな恋愛ができるに違いない」「結婚をしなければ、幸せにはなれない」などと思い詰めるように、重くて苦しい方向に感情が流れていってしまうことがあります。

それこそが執着の正体なのです。

何かに執着しているうちは、物事が思いどおりに進まないことがほとんどです。

これは、エネルギーの性質を考えると明らかです。

私たちが生きている世界とつながっている宇宙のエネルギーには、「ワクワクしているような楽しくて明るい気持ちになっている時に抱いた願いごとや夢が、叶いやすい」という性質があります。

たとえば、自分がワクワクしたりハッピーな気分だったりする時は、友だちや家族はもちろん、まわりの人のことも応援したくなりませんか？

エネルギーにも、同じことがいえます。あなたがワクワクした気持ちで「素敵な彼氏と出会いたいな」と思えば、エネルギーが働いて、その願いは叶いやすくなります。

反対に、苦しい気持ちで「結婚できなければ幸せになれない」と嘆けば、やはりエネルギーの性質上、出会いは遠ざかっていってしまうでしょう。

執着があると、なかなか思いどおりにならないのは、エネルギーの性質があるためだったのです。

無意識に「逆引き寄せ」をしてしまっていることも……

執着することで、理想からどんどん遠ざかってしまうというエネルギーの性質は、身近なところでも働いています。

たとえば、知り合いになったばかりの男性と、まだお互いをよく知らないうちから女性のほうが一方的に恋愛モードに入ってしまったシチュエーションを想像してください。

「きっと、あなたが運命の人だと思うんです」

「私たち、結婚するべきだと思いませんか？」

などと、女性のほうがグイグイ迫っていき、相手の男性に執着しはじめると、多くの場合、男性は引きます。

「自分はこの女性にだまされているのではないか？」「この女性は、自分の何を狙っているのだろう？」というように、男性が恐怖を感じて女性を警戒するようにもなるものです。

こんなふうに、**女性の執着がかえって男性を遠ざけるのは、エネルギーが働いているから**です。

「あなたことをこんなに好きなのに、なぜ愛してくれないの？」「こんなにもあなたに尽くしているのに、どうして冷たくするの？」

といったドラマの失恋のシーンで登場するお決まりのセリフも、エネルギーの法則にしたがえば当たり前のこと。こちらが執着すれば、相手は後ずさりするようになる「逆引き寄せ」の現象が起こってしまうのです。

「執着のワーク」でもエネルギーのパワーを感じられる

執着がやっかいなのは、自分自身が執着していることに気づきにくい点です。

執着は、積極的な行動と似ている部分があります。

「素敵な人と出会いたいな」と思って、友人に誘われた食事会に出かけるのは「積極的な行動」。「素敵な人と出会わなければ、絶対に幸せになんてなれない。だから何がなんでも恋人を探さねば！」と思いつめたまま、友人に誘われた食事会に出かけるのは「執着」。——このふたつの違い、わかりますか？

そこに**ワクワクした気持ちがあるかどうか。それが、執着と積極的な行動を区**

別するポイントです。

自分が何かに執着しているかどうかに気づくためのワークでも、エネルギーの存在がカギになります。

二人の男女が50センチくらいの間隔を空けて、向き合って立ちます。男性は何もせずそのままの状態ですが、女性のほうは「彼氏がほしい！」と、恋人を求める気持ちに執着するような感じで、強く念じてもらいます。

すると、不思議なことに、向かいに立っている男性のほうは、身体に触れていないのにフワッと後ろに下がってしまうのです。女性の放った執着がエネルギーを生み、「逆引き寄せ」を起こしてしまった結果といえるでしょう。

もしも今、思いどおりにいかないことがあって、そのことについてあれこれ思い悩んで苦しい思いをしているならば、気づかないうちにあなたが執着している

Chapter 1

恋愛、結婚への執着をなくすと
運命の人がやってくるっていうけど、
それってどういうこと？

ことが原因かもしれません。

でも、心配しなくても大丈夫。原因が明らかになれば、打つべき手もわかるからです。これからお話ししていくことを参考にして、執着を手放し、心をクリアにしていきましょう。

最初に思い描いた時に感じたワクワクした気持ちを取り戻し、そのワクワクをキープし続けられるように心を整えていくことが大切です。

Chapter 1

恋愛、結婚への執着をなくすと
運命の人がやってくるっていうけど、
それってどういうこと？

恋愛、結婚に対する執着が、どういう世界を創っているのかを知ろう

「執着」は焦りを生むもとになる

同年代の友だちにはみんなそれぞれ彼氏がいたり、旦那さんがいたりするのに、私はまだパートナーと呼べるような相手と出会っていない——シングルでいる今の現実を考えた時、そんなふうに不安が押し寄せてくることもあると思います。

「年齢を重ねるたびに、ひとりでいることが辛くなる」

「このまま誰にも愛されない人生を送るのではないかと思うと苦しくなる」

といった心の声の奥には、「焦り」があるのも事実。年齢的なことで焦る、ま

わりと自分を比べて焦る、恋愛経験の少なさに焦る……焦る気持ちが起こる原因にはいろいろなことが考えられます。

でも、**執着は焦りにつながるもと。**焦ることで、私たちの心配はどんどん膨れ上がってくるものです。

「このまま彼氏ができなかったら、幸せになれない」と一度焦りはじめた気持ちは、そこでリセットや方向転換をしない限り、「結婚できなかったらどうしよう」とますます大きな焦りへと成長します。

成長した焦りはとどまることをしらず、さらにどんどん大きくなっていくので、不安や恐れが強くなり、「結婚する」というシンプルな事実から遠ざかっていくようになります。

執着から生まれた焦りは、「逆引き寄せ」も起こします。

ときどき、「本当に望んだことは実現しないのに、どうでもいいことは次々と叶う」ということがありませんか？

これは、「どうしよう……こうなったら、何がなんでも実現させるしかない！」という執着から生まれた焦りが、本命の願望を遠ざけてしまっているから起こること。本当に叶えたい望みが遠くに去ってしまったために、手前にある「本命に比べたら取るに足らない願い」が実現しているだけなのです。

あなたに足りないものはありません

宇宙は、あなたの思ったことを敏感にキャッチします。無意識に思っていることもそのまま伝わります。

たとえば、「このまま彼氏できなかったらどうしよう」という不安が、「彼氏がいなければ、幸せになれない」という執着になった時、そこに見え隠れする無意識の思い込みがあります。

「彼氏がいない自分」を「何かが欠けている状態」だと思い込んでいる、ということです。


そんなふうに、もしも「彼氏がいてはじめて幸せになれる」「結婚してこそ完璧な状態になれる」と思っている場合、その〝欠乏感〟はそのままエネルギーとなって宇宙に放出されることになります。

それは、「私、持っていないんです」「私、足りていないんです」という宣言を、宇宙に表明してしまっていることと同じことです。


欠乏感をキャッチしたあとの宇宙は、エネルギーの力が働きます。

つまり、彼氏や旦那さんがいない自分のことを「欠けている私」「足りていない私」などと無意識に思い込んでいる場合、仮に彼氏や旦那さんが現れても、やっぱり同じように「何かが欠けている」「何かが足りていない」と不安や不満を抱えるような状態になるようにエネルギーは働くことになります。
欠乏感が出ている状態の人は、「欠けている」「足りていない」と感じさせるような相手を引き寄せてしまうのがエネルギーの力なのです。

ここで気づいてほしいのは、彼氏や旦那さんがいるからあなたが完璧な存在になるわけではないということ。
彼氏や旦那さんがどこかから幸せを運んでくれるのではなく、幸せな気持ちはあなたの内側から生まれてくるものです。**彼氏や旦那さんがいなくても、あなたには欠けているものも、足りないものも何ひとつありません。**

もしも、それでもまだ欠乏感を感じているのだとしたら、本当に欠けていたり足りなかったりするのは、彼氏や旦那さんの存在ではなく、自分で自分を幸せにしようとするあなたの覚悟なのかもしれません。

いつのまにか叶う、願いごとや夢の「思い描き方」

ひとつ誤解してほしくないのは、「素敵な彼氏がほしい」「大好きな彼と結婚したい」と願うこと自体、ぜんぜん悪いことではない、ということです。

夢を思い描くのは私たちに与えられた素晴らしい特権ですし、行動するためのモチベーションにもつながります。

願いごとや夢に執着することなく、実現していくためのポイントは、エネルギーの使い方にあります。

願いごとや夢を実現させていく人は、目の前の困難を乗り越えるような面持ちで「結婚できなければ幸せになれない」というような、執着につながる思いつめ方はしません。

それよりも、もっと遠くのキラキラした景色を眺めるようなつもりで「きっと私は結婚して幸せになるんだろうな」などと、当然実現することとして願いごとや夢を思い描きます。願いごとや夢に対して、軽やかで穏やかというか、包容力を持って接しているようなイメージです。

ほかにも願いごとや夢を軽々と叶えていく人の特徴として、ひとつのことにこだわっていない、ということも挙げられます。

この場合なら、「結婚」ということだけに、自分を幸せにしてもらおうとは思っていません。

私たちの毎日には、いろいろなことが起こります。仕事のこと、家族のこと、友人のこと……あらゆるシーンで願いごとや夢があるでしょう。結婚は、そのたくさんある願いごとや夢のひとつにすぎません。だからこそ、「結婚することだけが私のすべて！」と思いつめずにいられるのです。

ひとつのことに執着することをやめると、たくさんある願いごとや夢がどんなふうに展開していくかを、おおらかな気持ちで楽しみながら見守っていられるようになります。

願いごとや夢を強く思いすぎるあまり執着に変わってしまいそうになった時、自分自身をニュートラルに戻す方法については、のちほど詳しくお話ししていきます。

Chapter 1

恋愛、結婚への執着をなくすと
運命の人がやってくるっていうけど、
それってどういうこと？

あなたに出会いがない本当の理由

相手を選ぶことばかり考えていませんか？

年齢を重ね、人生での経験が増えていくにしたがって、相手を見る目が厳しくなっていく人がいます。

とくに結婚を考えると、よりシビアになる場合もあります。「この人と結婚するかもしれない」と考えたら失敗はできないので自然と採点が厳しくなる、というのがその理由。

「優しいけれど、仕事ぶりが今ひとつなのよね」

「もう少し背が高かったらいいのに」

「シュッとしている顔が好みなんだけどな」

などと男性を〝マイナス採点〟で品定めをします。


マイナス採点で男性をチェックするクセがついてしまっていると、なかなか恋愛モードに入っていくのが難しくなってしまうのも事実。

その結果、

「気づけばもう何年も恋人と呼べる相手がいない」

「誰かのことを『好き』と思う気持ちを忘れてしまいそう」

「ひとりで過ごす週末やクリスマスに慣れてしまった」

という状況になっているケースも少なくありません。


まずは、**マイナス採点をするのが習慣になっている自分に気づくこと。**自覚することが、マイナス採点をやめる〝はじめの一歩〟です。

気をつけたいのは、「理想の人じゃない人と一緒にいるくらいなら、ひとりのほうがいい」「ひとりでいるのは楽しいから、彼氏や旦那さんなんて一生いなくても平気、平気！」というような、強がって考えようとする方向に走らないことです。

本音では「彼氏がいたらいいな」「結婚には憧れるな」と思っているのに、「ひとりでも平気！」と意地を張るのでは、エネルギーがうまく循環しません。自分で自分の願いごとや夢を叶えるのをブロックしているようなものです。

素直な気持ちでいることがエネルギーを上手に活用するための基本。「彼氏がいたらいいな」「結婚には憧れるな」と、ふんわり思っていることは、素直にそのまま大切に持っておいてください。

ひとりでいる時期は「恋愛のハンデ」と考える

「彼氏いない歴」が長くなったり、年齢を重ねたりしていくと、軽い気持ちで男性とお付き合いすることができなくなってくると思います。

でも、厳しいことをいうようですが、恋愛においては、ひとりでいる期間が長くなれば長くなるほどハンディキャップがついている、と思ったほうがいいでしょう。

とくに、「次に付き合った人とは必ず結婚しなければ！」「次は失敗したくないから絶対慎重に選ぼう」などと意気込んでいる場合、それはまぎれもなく結婚に執着している証拠。

男性はそんな切迫した雰囲気を察知して、その女性に対して恋愛感情を抱く前に、引いてしまうはずです。

Chapter 1

恋愛、結婚への執着をなくすと運命の人がやってくるっていうけど、それってどういうこと？

私のまわりには、いつもモテている女性たちがいます。彼女たちは、自分の美しさをひけらかすわけでもないし、スタイルのよさを自慢することもありません。では、どうしてモテるのでしょうか。

その謎を解くヒントは、**出会った男性をすぐ結婚に結びつけて考えようとしていない**点にあると思っています。

モテる女性の共通点は、異性の友人が多いこと。そして、フットワークが軽く、気軽にその男友だちと食事に行ったり、遊びに行ったりしています。

「男性と二人で食事に行ったら、恋人として付き合うべき」「付き合った以上は、結婚しなければ」といった〝しばり〟をつくりません。

はじめから〝しばり〟をつくらず、出会う男性に対して恋人候補でも旦那さん候補でもないと思っていれば、お誘いがあっても気軽に参加できるし、断るのもプレッシャーにならないはず。

そういうフレンドリーなお付き合いを続けていくなかで、自分の気持ちが楽しい方向に整っていくと、自然にふるまっているだけなのに男性たちが次々と引き寄せられてくるようになります。

楽しそうにしている女性は、「あの子と一緒にいると楽しそうだな」「あの人と付き合ったら楽しいだろうな」と男性に思わせる魅力があるのです。

「男性と二人で食事に入ったら、恋人として付き合うべき」「付き合った以上は、結婚しなければ」というプレッシャーがなければ、自然とマイナス採点をするクセがなくなるのも興味深いところでしょう。

たとえば、男性とはじめて二人で食事に行った時、食事代について割り勘の提案をされたとします。

もしも未来のパートナーとして意識している相手だった場合、「割り勘なんて、この人意外とケチなのかも？」「自分から誘っておいて、お金を払わせるなんて……」とマイナス採点をする可能性もあります。

すると、お付き合いをする前に、たった一度の食事に行っただけで二人の関係は終わってしまうでしょう。

でも、恋人候補や旦那さん候補と思っていない場合、割り勘を提案されても「友だちだったら割り勘で当たり前」と思えますよね？　すると、二人の関係はそこで切れずに続いていくことになります。

男友だちが増えることで、得るものはたくさんあるはず。

今まで知らなかった男性心理を教えてくれるのも、新しい出会いを運んでくれるのも、割り勘の関係からスタートした新しい男友だちかもしれません。

ダイレクトに彼氏や恋人にはなれなくても、未来のパートナーとの出会いにつながる出会いだととらえたら、未来であなたを待っている出来事にワクワクできそうな気がしませんか？

ひとりでいる期間が長くなった自覚がある人は、恋愛の準備として異性の友人を増やし、自分の心をワクワクさせてあげることをはじめてください。

そうやって心を整えておくと、出会いがあった時に自分の心が反応しやすくなります。

異性の友人のつくり方の具体的な方法は、Chapter3でお話しします。

行動量が少ないとエネルギーも小さくなる

「もっと気軽にいろいろな人とご飯を食べに行ってみてください」というのは、私が主催するセミナーやワークショップに参加してくれる女性たちによくアドバイスしていることです。

というのも、男性と食事に行くことに対して、自分自身がハードルを上げている女性がとても多いからです。

「今度、食事でもいかがですか？」「一緒に飲みに行きませんか？」といった男性からのお誘いがあった時、それが気になっている相手ではない場合、多くの女性が戸惑うと言います。

「まだそれほど好きというわけではないこの人とご飯を食べに行って、その気になられたらどうしよう」「食事に行く＝交際ＯＫ、と勘違いしてもらっても申し訳ないし……」というように、先回りして心配した挙句、「ちょっとその日は都合がつかなくて」などと断ってしまう話もよく聞きます。

そういう女性たちの〝あるある話〟をはじめて聞いた時、正直な話、私自身ととても驚きました。

なぜなら、一般的な男性の多くはそこまでいろいろ深く考えて食事に誘っているわけではないと思うからです。

おそらく男性の多くは、「ただ一緒に楽しく食事をしたいから」という理由で誘っているだけでしょう。

だから安心していて大丈夫。好みではない男性と一緒にご飯を食べに行ったからといって、その人からいきなり告白されることはまずないはずです。

気が重い約束をしたと思わずに、「楽しくおしゃべりしながら、おいしいものを食べる時間」だと割り切って、気楽に出かけましょう。

そこまで**親しくない男性と二人でどこかに出かけることに対し、難しく考えすぎる必要はありません。**シングル同士なら誰にも迷惑はかかりません。それぞれに彼氏や彼女ができるまで、いろいろな相手と何回でも出かけたらいいと思います。

それよりもずっと深刻な問題だと思うのは、かたくなに出かけようとしない行動パターンのほうです。

私の経験上、**「出会いがないんです」と嘆いている人の多くは、圧倒的に毎日の行動量が少ない**のです。

平日は、朝起きて会社に行って、夜はコンビニかスーパーマーケット、ドラッグストアに立ち寄るだけで帰宅。休日は疲れているから、寝ているか海外ドラマを観ているか——の繰り返しだと、物理的に誰かと出会う機会が極端に少なくなるのはたしか。

これまでそのパターンで出会いがなかったとしたら、そのパターンを変えて行動しない限り、この先もずっと同じように出会いがない毎日が続くはずですよね。

でも、それに今、気がついたならもう大丈夫。過去は今日からリセットできます。

行動量が少ないと、エネルギーも小さくなるのは当たり前。エネルギーはたくさんあればいいというものではないものの、「そもそも引き寄せるためのエネルギーが足りていない」という状態にはならないよう、今日から行動範囲を広げていくことが大切です。

行動範囲の広げ方についての具体的な方法は、Chapter2でお話しします。

あなたの「思い」が今の「現実」をつくっている

これまでいろいろお話ししてきた「出会いがない理由」について、「どれも私にはあてはまらない気がする」という人もいるかもしれません。そういう人は、これからする〝少し耳の痛い話〟を聞いてほしいと思います。

たとえ、読んでいくうちに心に痛みを感じたとしても、それはあなたにとって必要な痛みである証拠。前に進むために必要だから起こることなので、少しも不安に感じることはありません。安心して読み進めてくださいね。

「宇宙に存在するすべてのものにはエネルギーがある」――ということを聞いたことがありますか？

人や物はもちろん、あなたが放つ言葉やあなたが考えることにもすべてエネルギーがあります。そして、同じエネルギーを持つものは引き寄せ合います。

たとえば「今日はツイているな」と思う日はありませんか？

そういう日は、駅に着くと乗りたい電車が来ていたり、連絡しようとしていた友だちから先にLINEが来ていたり、髪を切りたいと思ったらクーポン券が届いたり……これは、あなたが宇宙に放ったポジティブなエネルギーが、同じポジティブなエネルギーを持っているものを引き寄せたからです。

反対に、「今日はなんだかツイていないな」と思う日に、アンラッキーなことが続けて起こるのも、エネルギーによる引き寄せが起こっていることになります。

じつは同じことが思考と現実にも起こるのを知っていますか？　これは、あなたが思ったことと同じエネルギーを持つ現実が、あなたに引き寄せられて目の前に現れるということ。

つまり、**今のあなたの身のまわりで起きている現実は、すべてあなたが思っていることが引き寄せてつくった世界である、**ということになります。

あなたの思っていることが、今のあなたの現実をつくっている――これが、宇宙のエネルギーの法則だとすると、驚くような事実が浮かび上がってきます。

というのも、今あなたに彼氏がいないという現実や、今あなたが結婚していないという現実は、あなたが望んでいるから引き寄せた、ということになるからです。

Chapter 1

恋愛、結婚への執着をなくすと
運命の人がやってくるっていうけど、
それってどういうこと？

「本当は、彼氏なんてほしくないし、結婚もしたくないのでは？」と指摘されたら、「そんなわけない！」と反論したくなるかもしれません。

運命の人に出会いたいと思っているからこそ、そのための行動をしている場合、反論したくなる気持ちもわかります。

ですが、本当にそうでしょうか。

あなたの心の奥の、そのまた奥に存在している本音に耳を傾けてみてください。

もしかすると、「彼氏ができたら、ひとりで過ごす時間がなくなるのでは？」「パートナーがいたら、女友だちと旅行に行ったり食事に出かけたりする自由を奪われるのでは？」「結婚したら、実家の母親がさびしがるのでは？」などと、恋愛や結婚に対して自分自身でブレーキをかけていませんか？

そう、**あなたに彼氏がいないのは、あなたがそう望んで引き寄せた結果かもし**

れないのです。

でもそれでは、アクセルとブレーキの両方を全力で踏んでいるのと同じこと。プラスとマイナスのエネルギーを同時に放ったまま宇宙はそれをキャッチするので、いつまで経っても「彼氏がいない」「結婚していない」という現実は変わらない状態が続くのです。

このような宇宙のエネルギーの話を知って、ドキッと痛みを感じたとしたら、それは「現実」と「あなたが思っていること」のギャップに気づくベストなタイミングが訪れたことに気づいたサインです。

今からあなたが思うことが、今日からのあなたに起こる現実をつくっていきます。そして、あなたが思うことは自分自身で自由に選べます。

あなたがどんなふうに思い描くかによって、現実はいくらでも変えることができるのです。

あなたは適齢期に踊らされていませんか？

自分の年齢に焦りを感じた時に楽になる考え方

「30歳までには結婚したい」「35歳までには子どもを産みたい」「アラフォーなのに彼氏がいないなんて……」などと、自分の年齢を考えて、恋愛や結婚に焦りを感じることもあるかもしれません。

そんな時には、次の方法が心を楽にするサポート役になります。

ひとつは、**自分のなかで「○歳までなら大丈夫」と目標とする年齢を決める方法**です。これは、出産や子育てという女性ならではのデリケートなライフイベントがかかわってきます。

子どもを産む人生と産まない人生があったとして、もしも子どもを産む人生を選びたいのであれば、年齢的なリミットはあるでしょう。

そこから逆算して考えると、「〇歳になるまでまだあと何年あるから、今、焦らなくても大丈夫」と思えるようになります。

人によってリミットとなる年齢に多少の違いはあるものの、年齢を重ねていくことに振り回されず、落ち着いて自分の幸せを考えることができるのではないでしょうか。

私の知り合いの女性に、こんなことを語ってくれた人がいました。

「結婚も出産もまだまだいける、と思っていたらあっというまに10年経っていました。最近になって、『私は自分で産んだ子どもを抱くことのない人生を選んだんだ』と気がついたんです」と。

もちろん、彼女は今も子どもがいなくても十分、幸せな毎日を送っているものの、「10年前に『○歳までに結婚して子どもを産もう』って具体的に年齢を決めておいてもよかったかもしれないな……」とも話していました。

「いつかは子どもがほしい」と思っているなら、出産が可能な状況のうちに「○歳までに結婚して子どもを産もう」と自分自身が決めておくのもひとつの方法です。

そう決めることで、年齢のことで今、焦ることもなくなります。

もちろん、「子どもは授かりもの」といわれるように、必ず思いどおりになるとは限りませんが、少なくとも自分で納得できる選択ができるはず。子どもがいてもいなくても、幸せな毎日が送れるような人生が理想的だと思うのです。

もしも、出産や子育てに関係なく年齢的な焦りを感じている場合、焦る気持ちをマイナスと思うのではなく、「現実を知るためのいいチャンス」とプラスにとらえると気持ちが楽になることもあります。

前の項で、「あなたの思っていることが、今のあなたの現実をつくっている」という宇宙のエネルギーの法則についてお伝えしました。

この宇宙のエネルギーの法則にしたがって考えると、あなたは今の年齢までひとりでいることを自分で選んできたから、今の現実があるということになります。

そのことについて焦る気持ちがあるなら、自分の本音と向き合って、自分自身が「思っていること」を変えればいいのです。

たとえば、「このまま一生ひとりだったらどうしよう」という気持ちが本音なら、「結婚しても幸せとは限らない。だったら、ひとりでも誰かと一緒にいても、幸せになれる自分でいよう」と思い直すこともできます。

そんなふうに、**いろいろな「思い」のなかから、意識して自分に好ましい「思**

い」を選べば、望んだとおりの未来をつくることができるようになります。

焦りを感じるのは、思っていることと現実にギャップがあるから。だったら、自分が思っていることを徹底的に深く掘り下げていって、自分自身が今の現実を選び取っているということに気づくこと。

そして、「思っていること」を変えるだけで、今日からはじまる未来は思いどおりのものに変えられるでしょう。

男性の本音は結婚したいの？　したくないの？

「男女が集まる食事会や飲み会に参加すると、積極的なのはいつも女性のほう。今どきの男性は、結婚願望があまりないのでしょうか？」

と質問されたことがあります。

たしかに、人生１００年時代、恋人や夫婦、家族のあり方も変わり、結婚という形で男女が添い遂げることが難しくなってきた部分もあるかもしれません。

経済的な面でも、ひと昔前とは価値観が大きく変化しています。

かつて、多くの女性は結婚すると専業主婦として家庭に入り、夫の収入だけで家族が養われていましたが、今は結婚しても仕事を続ける女性がほとんど。「専業主婦になりたくても、夫となる男性の収入が少なくて無理……」というケースも少なくないでしょう。

その意味では、今どきの男性に強い結婚願望があるかどうか、自信を持って「イエス」と答えるのはリアルではないかもしれません。結婚というライフイベントをプレッシャーに感じる男性もゼロではないでしょう。

でも、ひとつたしかなことは、**「結婚という形にはこだわらないけれど、パートナーはほしい」と思っている男性は圧倒的多数**だということです。女性と同じように、男性も自分のことを誰よりも理解してくれる相手と心をかよわせたいと思う気持ちはあります。

どんなに時代は変わっても、愛し合えるパートナーの存在を求める気持ちは揺るがないといっていいでしょう。

結婚適齢期の男性から見た、理想的なパートナーとは？

では、今どきの男性はどのような女性を生涯のパートナーに選ぶのでしょうか。

その答えはたったひとつ、**「自分に正直に生きている女性」**です。自分に嘘をつくことなく、心の声にしたがってまっすぐ生きている女性。

そういう女性は、出会った人すべてをファンにしてしまうような心地よさがエネルギーとなってあふれているので、「一緒にいたら自分まで居心地よくなりそうだな」「彼女の世界観をのぞいてみたいな」というように男性は自然と魅了されるのです。

「自分に正直に生きる」ということの具体的な行動のひとつに、「やりたいことをする」ということがあります。

「好きな仕事をする」「SNSで好きなことを表現する」「好きなファッションをする」など、自分の好きなことややりたいことをためらうことなくします。

好きなことややりたいことをしている時は、誰でもワクワクしますし、顔も笑顔になりますよね。そういう時のエネルギーはとてもハッピーなパワーを持っています。

ポイントは、**自分に正直に生きている人の特徴として、「相手に好かれよう」「モテよう」としてふるまっているわけではない**点です。

先ほどの「好きな仕事をする」「SNSで好きなことを表現する」「好きなファッションをする」も自分が好きだったり、やりたかったりするから行動しているだけのこと。「親が安心するから、この仕事をする」「男性ウケがよさそうだから、SNSで料理を披露する」「友だちに自慢できるから、このブランドの服を着る」といった理由で行動しているわけではありません。

ワクワクしたり、笑顔になったりする動機が、「誰かがハッピーになるから」ではなく「自分がハッピーになるから」のほうが、ずっと大きなエネルギーになります。

自分に正直に生きている女性は、自分らしく人生を楽しんでいるために、内側から輝きを放っています。その輝きに惹かれて、人は自然と集まってくるのです。

そうやって自分で自分を幸せにできるようになると、自分でも知らないうちに、エネルギーの影響でまわりの人たちまで巻き込んでハッピーな空気で包まれるようになります。

あなたはあなたのことが好きですか？

「自分のことを好きになれない」は、恋愛のブレーキになる

突然ですが、ここで質問です。

あなたは、自分のことが好きですか？

あなたは自分のことを素晴らしい存在だと思っていますか？

「イエス」と答えたなら、そのままずっと自分のことを好きでいてください。きっと、宇宙のエネルギーもあなたの味方をしてくれるはずです。

もしも、「ノー」と答えた場合、今すぐ自分のことを好きになる必要があります。

なぜなら、**宇宙のエネルギーは、自分のことが大好きで、いつも自分自身にワクワクしている人を応援するから**です。

まず何をはじめるよりも先に、自分のことを好きになることが大切です。

自分のことを雑に扱ったり、「どうせ私なんて……」と軽んじていたりするのは、そういう状態でいることで、まわりの人たちからも雑に扱われたり、軽んじられたりする現実を引き寄せてしまうことです。

自分を好きではないままでいるのは、恋愛でもブレーキになります。

たとえば、自分のことを好きになれない理由が「自分の顔が嫌い」「自分の性格が嫌い」だったとします。でも、そういう状態で仮に好きな人ができたとしても、「こんな顔の私を好きになってくれるはずがない」「こんな性格の私と付き合いたいと思うわけがない」などと自分を否定するため、せっかくうまくいく可能性のあった恋愛を自分の手で終了させてしまいます。

自分のことを好きではないままでいるのは、とてももったいないことです。

「そう簡単に、自分のことを好きになれそうにない……」と感じる場合は、「自分が自分を好きじゃないのに、どうやって人に好きになってもらうの？」と自分自身に言い聞かせてみてください。

誰かに好きになってもらいたければ、まず自分が自分のことを好きになること。

すべてはそこからはじまります。

それでもまだ、「やっぱり無理……。自分のことが嫌いでたまらない」という場合でも、自分のことを好きになれない自分を責めないであげましょう。

そして、「嫌いって思ったらダメなのに」「どうして好きになれないんだろう」などと自分を責めるのではなく、「そっか。私はまだ自分のことが好きになれないんだね」と、自分の素直な気持ちをそのまま感じきってください。

自分のことを好きになれない自分を、丸ごと受け止めてあげることこそが、自分のことを好きになるためのファーストステップだからです。

小さな子どもに優しく言い聞かせるように「よしよし、そんなふうに感じていたんだね」「そっか、そっか。そう思っていたのね」というイメージで、自分が感じていることをすべて受け入れましょう。

自分の感情を受け入れることなら、無理して自分のことを好きになろうとするよりも抵抗なくできると思いませんか？

いろいろな感情は、しっかり感じきることで薄れていくものです。**大切なのは、自分の素直な感情に気がついてあげること。それを、否定せず丸ごと受け止めること。**

そうすることで、少しずつでも「そんな自分も悪くないかもね」と自分のことを大事に思えるような気持ちが芽生えてくるでしょう。

どこにフォーカスするかでエネルギーの大きさは変わる

もちろん、誰にでも自分の嫌いなところがあると思います。コンプレックスに感じている部分もあるでしょう。

でも、その嫌いなところやコンプレックスを「それも悪くないかもね」と受け止めた瞬間、エネルギーは変わってきます。

マイナスだと思っていた自分の嫌いなところは、無理して直そうとしなくても大丈夫。「まあ、それもありかもしれない」ととらえるようにすると、宇宙のエネルギーはたちまち大きくなりはじめるのです。

同じ出来事でも、どこにフォーカスするかによって、エネルギーの大きさは変わります。

たとえば、友だちに誘われた食事会も、気乗りのしないまましぶしぶ参加した時は、「どうせいい出会いなんてないはず」「料理の味つけがイマイチだな」「時間の無駄だったかも」などとついあら探しをしてしまうもの。

すると、どんどんエネルギーは小さくなり、帰り道に「やっぱり断ればよかったな」と後悔することになります。


ところが、はじめから「せっかくだから楽しもう」と決めると、楽しいことや面白いことに気持ちがフォーカスするため、本当に楽しい気持ちになってきます。

これは、エネルギーが増幅し、楽しいことを引き寄せたから起こることです。


自分のなかの嫌いなところやコンプレックスも、そこばかり気にしているとブルーな気持ちになりますが、「ま、それも悪くないか」「そんな私もありだよね」とプラスの方向にフォーカスすると明るいエネルギーが大きくなっていきます。

「ま、それも悪くないか」「そんな私もありだよね」などと、おおらかにとらえ

Chapter 1

恋愛、結婚への執着をなくすと
運命の人がやってくるっていうけど、
それってどういうこと？

ることがふつうの状態になると、エネルギーはさらに膨れ上がり、あなたにとって幸せを感じる出来事が次々と起こるようになるでしょう。

あなたの執着がなくなった時、運命の人は必ず現れる

本当の自分でいるだけでエネルギーは生まれる

自分の好きなことややりたいことをしてワクワクしながら毎日を過ごしていると、エネルギーのパワーでますます楽しいことが起こるようになります。

この宇宙のエネルギーの法則のいいところは、「本当の自分でいるだけでいい」という点です。

無理にテンションを上げて、痛々しいほどカラ元気にふるまう必要はありません。わざわざポジティブにふるまおうとしなくても、本当の自分でいるだけで、

その人らしいエネルギーが増幅して内側から輝きはじめるからです。

私たちは、生まれ持った性格がそれぞれ異なります。

いつもにぎやかでテンションの高いタイプの人もいれば、物静かでローテンションタイプの人もいます。

そんなふうにタイプの違う人でも、それぞれが自分らしくワクワクしながら毎日を過ごしていれば、それぞれのタイプに合わせた、自分らしくいられるエネルギーが湧いてくるので安心してください。

だから自分のキャラクターを変えたり、小手先で工夫をしたりしなくても大丈夫。

自分に正直に、本当の自分でいることがエネルギーを生みます。本当の自分には嘘がないので、自然と自分のことも好きになれるようになるでしょう。

Chapter 1

恋愛、結婚への執着をなくすと運命の人がやってくるっていうけど、それってどういうこと？

「ゼロ化」をすると執着が消え、運命の人が現れる

この章の冒頭では、「執着」のお話をしました。

思いつめたように、重くて苦しい方向に感情が流れていくのが執着。執着は百害あって一利なし、さっさと手放しましょう、というものでした。

自分の心から執着を取り去り、ニュートラルなポジションに戻してまっさらな状態にすることを**「ゼロ化する」**といいます。

自分をゼロ化すると、どこにも無駄な力が入らず、リラックスした状態でエネルギーをコントロールできるようになるのが特徴です。

ゼロ化をして心に執着がなくなり、本当の自分と宇宙がつながった瞬間、あなたには運命の人が現れるでしょう。

執着がない本当の自分は、「本当の私が好きな人って、こういう人だったんだ」と相手のことが見えやすくなるだけでなく、運命の人が目の前に現れた時に「ああ、この人なんだ」と気づきやすくなります。

今まで一度も恋愛感情を抱いたことのなかった職場の同僚のさりげない優しさが見えるようになり運命の人だと気づいたケースや、それまで訪れたことのなかった場所に行ったその日に運命の人と出会ったケースなど、ゼロ化を習慣にしたことで起こった実例はたくさんあります。

ゼロ化については、次の章からもっと詳しくお伝えしていきます。

Chapter 2

あなた自身が変わる以外に、やることもできることもありません！

「いつか現れるはず」は、この先一生現れないのと同じこと

今決めないと、昨日までと同じ今日が来る

あなたは、今の自分を変えたいと思っていますか？　おそらく数あるなかからこの本を手に取ってくださったということは、少なからず「変わりたい」と感じているタイミングなのではないでしょうか。

もしも、「今日とか明日とかじゃなくてもいいけれど、ゆくゆくは変わった自分になりたいな」とゆったり構えているなら、今ここで覚悟を決めてほしいのです。覚悟とは、**「今この瞬間から私は変わります」と自分自身に約束する、**とい

うことです。

なぜ、今すぐなのでしょうか。

それは、Chapter1でも触れたように、今あなたが思っていることが今の目の前にある現実をつくっているからです。つまり、今あなたが思うことを変えなければ、過去からずっと昨日までの続きを生きていくことになります。

恋愛や結婚についても同じことが言えます。

今、彼氏や夫、パートナーと呼べるような相手がいないのは、あなたが今いる場所が運命の人と出会えないフィールドにいるからです。今のあなたがまとっているエネルギーは、運命の人と出会うことのないエネルギーなのです。

「今はまだそれなりに楽しく過ごしているから、すぐに彼氏がほしいわけではないの。でも、いつかは素敵なパートナーができたらいいな」という考え方をしていても、宇宙に放っているエネルギーを変えない限り「いつか」は永遠に来ません。

もしも、昨日までと同じような、パートナーのいない日々を過ごしたくないのであれば、永遠に来ない「いつか」を何もせずにただ待つだけの毎日を送るのは、そろそろやめてみませんか？

それよりも、**今すぐ「今この瞬間から私は変わります」と自分自身に約束して、あなたがまとうエネルギーを変えること**をおすすめします。

もちろん、身にまとうエネルギーを変えるためには、天地がひっくり返るくらい価値観が一変するようなコペルニクス的な転換が必要です。

エネルギーを変えるためのヒントや方法は、この章から少しずつご紹介をしていきますが、それを実際の行動に移すのは文字で読むほど簡単ではないかもしれません。

たとえば、「今まで行ったことのない場所を訪れてみましょう」と言われた時、勇気を出して新しい一歩を踏み出す人もいる反面、「知らないところに行くのはちょっと怖いな」「なんだか面倒だな」「今日じゃなくてもいいかな」などと、二の足を踏んでしまい、結局何もしないままでいる人もいます。

でも、ひとつたしかなことは、**勇気を出して新しい行動をしたその先には必ずたくさんのギフトが待っている**ということです。というか、行動しなければエネルギーは変わらないし、その先に待っているギフトも受け取れない、といってもいいでしょう。

このままずっと昨日までと同じ毎日を過ごしていく人生と、今まで見たこともなかった景色のなかでたくさんのギフトに囲まれていく人生――さて、あなたはどちらを選びますか？

細胞レベルで変わった時に、あなたの身のまわりに起こること

「いつかきっと素敵な出会いがあるはず」「いつか自然な流れで結婚できたらいいな」と考えているうちは、恋の花を咲かせる種はまだ、今のあなたの心にはありません。

今のままでいると、この先も何も変わることなく5年、10年、と時間だけが過ぎていくことになるでしょう。

あなたがこれまでずっとそんなふうに考えてきたことが、今の現実をつくっています。だから、もしもこの先、「何も起こらない人生」以外の道を歩きたいと思うなら、今すぐ自分を変える必要があります。

では、「自分を変えたい」と思ったあと、まずどんなことをしたらいいと思い

ますか？

自分を変えるための方法はいろいろありますが、**今すぐ手軽にできる方法として、「ルーティンになっていること」を変えることからはじめる**のも効果的です。

私たちは、毎日ほぼ同じようなパターンの行動を繰り返しています。

朝起きる時間にはじまり、ランチに食べるものや、お風呂に入った時にまずどこを洗うかまで、だいたいパターンができあがっているのではないでしょうか。

生活にパターンができるのは、そのほうが「気持ちいいな」「楽だな」と自分自身が感じているからです。そして、〝コンフォートゾーン（居心地のいい場所）〟と呼ばれる心地よさを感じる空間に入っている、いつもの行動があなたのルーティンです。

自分を変えたいと思ったら、まずやってほしいのが、今までのルーティンを変えることです。一日ひとつ、昨日とは違うことをやってみましょう。

直接、恋愛や結婚にかかわる行動ではなくてもＯＫです。

いつも職場から自宅に帰る時、家の近くのコンビニエンスストアに立ち寄っている人は、駅の反対側のスーパーマーケットに足を運んでみる、ということもできます。ずっとストレートの黒髪だった人は、軽くパーマをかけて明るめの色にカラーリングしてもらうのもあり。いつも同じマグカップでお茶を飲んでいる人は、グラスに変えてみるとか。

そんなふうに、毎日の小さな選択に意識を向けて、ルーティンだったことを変えてみましょう。「今この瞬間をおろそかにしない」という意識が大事なポイントです。

そうやって**いつもの行動がコンフォートゾーンから抜け出した時、あなたには確実に変化が起こります。**

というのも、多くの場合、新しいことをはじめる時には変化を恐れる気持ちがともなうもの。ですが、あえてルーティンをやめてみることによって、変化を恐れないマインドが細胞レベルでたたきこまれていくことになるからです。

毎日のルーティンとなっている小さな習慣を変えるだけなら簡単なことに思えませんか？　でも、その簡単なことが集まると、細胞レベルで生まれ変わったあなたは、今までとは別のパターンを選択しやすい状態に入ります。

そうなれば、あとはエネルギーの流れに身をまかせるだけ。意識も行動も、あなたはこれまでとはまったく別の、幸せになれる選択ができるようになるでしょう。

あなたの思いに変化が起こると、恋愛や結婚に関しても見える世界が変わってきます。これが、あなたの放つエネルギーが変わったサインといってもいいでしょう。

「ネットを眺めていても、芸能人の恋愛や結婚のニュースをよく目にするようになった」「知り合いに彼氏ができた」「結婚からは興味がなさそうだった学生時代の友人から結婚式の招待状が届いた」というような出来事が起こってくるはずです。

自分の放つエネルギーの変化を味わってみたいと思いませんか？　であれば、今すぐ昨日までのルーティンを新しい行動にシフトしましょう。

行動範囲を広げるきっかけとなるキーパーソンは「身近な人」

昨日と違う今日にするためのヒントのひとつに、**「異性の友人をつくる」**という方法もあります。

あなたには、次のような異性の友人がいますか？

- 困ったことがあったらなんでも相談できる男友だち
- 職場の同僚や元同僚で、職場を離れても連絡を取り合う男友だち
- 趣味を通じて知り合った男友だち

●飲み仲間の男友だち

それぞれの項目にパッと思い浮かぶような異性の友人がいないなら、今すぐ異性の友人をつくる行動をしてみましょう。

異性の友人は婚活中だけでなく、生涯にわたってあなたのプライベートを応援してくれる存在になるはず。今のうちから関係をあたためておくのが得策です。

具体的な異性の友人のつくり方について、もっともハードルが低いのは、先ほどの4つのカテゴリーのなかだとふたつめの「職場の同僚や元同僚で、職場を離れても連絡を取り合う男友だち」でしょう。

一緒に出かけたことがない相手や、しばらく会っていない相手でもＯＫ。**まずは、ランチに誘ってみるのもおすすめです。**

「そんなことしたことないし、断られたら恥ずかしい……」と抵抗感があるなら、むしろチャンス。ルーティンになりがちな毎日を変える、いいタイミングです。

それに、ランチのお誘いをもらってうれしくない人はいないはず。誰かに誘ってもらったらうれしいのは、あなたも同じだと思いませんか？　道行く人に声をかけてお茶をして友だちになってもらうより、ずっと簡単なことでしょう。

しかも、どんなに忙しい相手でも、夜の食事と違ってランチなら小一時間と負担にはなりません。

そうやって、ランチをすることを定例会にしながら、いろいろなおしゃべりをしてみてください。男性心理を教わることができる相手のありがたさをきっと実感するでしょう。

まずは、やってみること。今までの毎日に風穴を開けることが大切です。

本当のパートナーに出会える「ゼロ化」とは？

ほかにも、自分を変えるための行動があります。**キーワードは「ゼロ化」**です。Chapter1でも触れたように、ゼロ化とは自分の心から執着を取り去り、ニュートラルなポジションに戻してまっさらな状態にすることをいいます。

ゼロ化は、エネルギーがあふれすぎている状態でもなければ、足りなくなっている状態でもありません。プラスでもマイナスでもない、まさに「ゼロ」の状態になることです。

ときどき、「エネルギーがマイナスにならないようにコントロールするのは理解できるけれど、プラスの方向に行かないようにするのはなぜですか？」という質問を受けます。

マイナスのエネルギーが強すぎるのがよくないのは、ご想像どおり。ただ、プラスのエネルギーが強すぎるのもいいとはいえません。プラスもマイナスも、強すぎるのはバランスを失っている状態だからです。

プラスのエネルギーが大きすぎると、気分は上がり、何でもうまくいくような無敵の状態でハイになるかもしれません。ところが、そのあとには必ずといっていいほどマイナスに戻そうとする力が働くため、激しく落ち込んだり、絶望的な気持ちになったりするものです。

恋愛のシーンで考えても、エネルギーのバランスは重要です。

マイナスのエネルギーが満ちている時に異性と出会ってもハッピーな恋にならないのは明らかですが、プラスのエネルギーが強すぎる時に出会ったからといって、その人とうまくいくとは限りません。

テンションが高い時のあなたと短期間、ワーッと盛り上がったとしても、その

恋も！
仕事も!!

あとにマイナスの波がくればドーンと下がり、辛い恋になることが見えています。
だとしたら、ナチュラルでニュートラルな「素の自分」でいる時に運命の人と出会って、穏やかであたたかい恋愛関係を育《はぐく》んでいきたいと思いませんか？

宇宙のエネルギーは、つねに私たちのまわりを電気のように流れていて、ほんの少しのことでバランスは変わっていきます。

そんなゆらぎがちなエネルギーを、いつだって最高のコンディションでキープするためにはゼロ化することが必要です。**プラスかマイナスのどちらかに振れてしまいそうになる心を、いつでもニュートラルに戻すための役割を果たすのがゼロ化**だからです。

本当の自分になって、本当のパートナーに出会えるゼロ化のワークはのちほどご紹介します。

本当にパートナーがほしいなら、今それを選択する勇気を持とう！

選択肢が変わると、未来も変わる

プラスにもマイナスにも傾かないニュートラルな心を持つ「本当の自分」でいると、選択肢が変わり、未来が変わります。

たとえば、同じ職場の同僚から「今夜、サルサバーに行ってみない？」と誘われる機会があったとします。

話を聞いてみると、その同僚は先日すでにサルサバーを体験済み。「ラテン系のノリのいい音楽に合わせて踊るだけなんだけど、とにかく楽しいの。サルサを踊れなくてもノリでなんとかなるし、見てるだけでもＯＫ。ドリンク付きで１０００円だから、そんなにお金もかからないよ」とのこと。
さて、あなたならどうしますか？

じつは、ここからが分かれ道です。

意識のどこかにブロックがあって、自分をゼロ化できていない人はこれまでどおりの毎日を繰り返すことになるので、サルサバーへのお誘いを断ることになるでしょう。
「サルサとか無理だよー」「今日は疲れたから家に帰るね」「最近、金欠で……」「ちょっとほかの用事があるの」など、誘ってくれた相手にも自分にもあらゆる言い訳をしながら、結局は行かない選択をするでしょう。

もしも、本当はとくに用事もなくて、ただなんとなく気が乗らないだけで断ろうとしている場合、一度意識をゼロ化してニュートラルに戻すようにすると、選択肢は変わります。

これまでの自分を変えようと、一歩踏み出す行動を選択するはずです。そして、はじめて訪れたサルサバーの楽しさを経験して、さらにいいエネルギーを身にまとうことになります。

実際、サルサバーに行ってみると、ラテン系の音楽に合わせ、かわるがわる相手を変えながら踊っています。

初心者でも、その場にいる大勢の男女とダンスと音楽を楽しめるので、恋愛を意識していない相手とでも気軽におしゃべりもできます。出会ったばかりの人たちと踊ってしゃべって笑って……楽しくないはずがないと思いませんか？

そこで出会った人とまた会う約束をしてお別れした夜は、再会が楽しみでワクワクしているはず。サルサバーに行かない選択した場合より、ずっといいエネルギーを身にまとうことになるのは当然ですよね。

じつはこの話は、私の知り合いの女性の実体験です。今の彼女は素敵な恋愛中ですが、「あの時サルサバーに行ったおかげで、恋愛をしやすいエネルギーに変わったんだと思います」と話しています。

驚くべきことですが、**ゼロ化することを習慣にした人からこういうハッピーなエピソードを聞くことは、ハッキリいってとても多い**のです。

自分のエネルギーが変わると、自分が楽しくなるような選択ができるようになります。そして、途中までは同じだった景色がまったく違うカラフルなものとして味わえるようになります。

同じようにゼロ化することを毎日に取り入れた別の女性には、こんなことが起こりました。

彼女は婚活パーティの常連さんでしたが、ゼロ化することをはじめる前とあとでは相手の見方が大きく変わったといいます。

たとえば、「母親と同居中」という条件の男性と出会った場合でも、以前なら「結婚して義母と同居なんてありえないでしょう」と即座に〝旦那さん候補〟から外していたとのこと。

ところが、ゼロ化して意識をニュートラルにしてから婚活パーティに臨んだところ、「母親と同居中」という同じ条件の男性と出会った時に、「私も仕事をしているので、お義母さんに夕食をつくってもらえたら楽かも」「子どもが生まれても、お義母さんにお世話を手伝ってもらえそう♪」などと、自然と自分に都合のいい方向に楽しいイメージが湧いてきて、結局その男性と交際をすることになったのでした。

「今日もいい人がいなかった……」とため息をついて帰宅することを繰り返していた婚活パーティも、自分の「思い」を変えただけで、まったく別のチャンスが待っているパワースポットになるのです。

分かれ道は想像しているより小さい選択の連続

自分を変えることができるかどうかの分かれ道は、毎日の小さなことに潜んでいます。

「崖《がけ》を登るか、海を渡るか。さあ、どうする?」という、わかりやすい大きなステージが用意されるのではなく、もっと小さい選択の連続だと思ってください。

先ほどのサルサバーに行くお誘いに乗ってみるかどうかもそうですし、ワインの試飲会に参加するかどうか、週末の登山に行くかどうか——そんなことだったりします。

分かれ道となるのは、選択肢の大きさではありません。あなたが実際に行動に移すかどうかです。小さなことでも、あなたがピンときた行動をとってみると、それがきっかけでエネルギーが変わることはよくあります。

大事なのは、勇気を持つことです。「サルサバーに行く」「ワインの試飲会に参加する」「登山をする」といった、まだ自分が経験していないことであればなおさら、行動するのに勇気がいると思います。

でも、たったひとつのことでもゼロから1にするために必要な「えいっ！」という勇気を出せたら、エネルギーは変わり、ほかのこともすんなりとできるようになっていくはずです。

「なかなか勇気が出せない」という人は、小さなことからはじめてみましょう。

たとえば、朝起きてカーテンを開けたら曇り空だった時。

ふと「今日は傘を持って出かけたほうがいいかも」と感じたら、直感どおりに傘を持って外出します。実際に傘の出番がなくても、気にしないこと。大事なのは、「あなたが分かれ道で選んだことを、ちゃんと行動に移せた」という事実だからです。

ちなみに、もしもせっかくピンときたのに傘を持たずに外出し、「あーあ。やっぱり傘を持って出ればよかったな」と思っても、それはあとの祭り。分かれ道に差しかかった時に行動に移せなければ、エネルギーを変えるタイミングを逃してしまったのと同じことです。

ピンときたタイミングを逃さず、分かれ道で勇気を出して行動する習慣をつけましょう。

エネルギーが変わると、女子会も心地よくなる

彼氏や旦那さんがいないシングルの女性で集《つど》う、いわゆる「女子会」も、あなたが身にまとうエネルギーが変わると、まるで別の景色が見えてくるでしょう。

というのも、もしもあなたが定期的に会っている親しい女友だちも今までずっとシングルという場合、彼女もまた「いつか結婚できれば、今は彼氏がいなくても大丈夫」「あわてて結婚して失敗したくないな」「ひとりのほうが気が楽かも」と思っている場合が多いもの。

エネルギーが似ている同士、引き寄せ合っているからです。

すると、結婚後の生活についても、あなたの心の奥底で思っているかもしれないことと同じことを、彼女も思っている可能性があります。

たとえば、「結婚したら、自分の時間なんてなくなるのでは？」「結婚したって、数年したら夫婦の愛情なんて冷めるもの」というように、どこかで結婚することに対し、後ろ向きな気持ちがブロックしているはずです。

口では「結婚したいな」といいながら、心の奥では「結婚なんてしたくない」と感じているとしたら、放つエネルギーは現状維持のまま。それこそ、同じように女子会に参加しながらあっというまに10年は軽く経ってしまうでしょう。

さあ、**今すぐその女子会を脱出する分かれ道があちこちにあることに、気づいてください。**そして、勇気を出して行動に移してみましょう。

エネルギーが変わったあなたが次のフィールドで参加する別の女子会は、今まで出会ったことのないような女性たちばかりで、キラキラして見えるはず。

旦那さんがいても女友だちとふつうにハワイに行く人や、子どもがいても夢だったネイルサロンをオープンさせた人、結婚して何年も経つのにラブラブなご夫婦など、幸せに生きている大勢の女性たちとの出会いが待っています。

「結婚なんてしなくても平気！」と肩ひじ張ってひとりで頑張って生きているよりも、「結婚はしなくても平気だけれど、してみたらさらに幸せだった♡」とおおらかに生きていくほうがずっとハッピーだと思いませんか？

自分を変えるためには、そんなふうに自分の身にまとうエネルギーを変えることが絶対的な近道なのです。

最高のパートナーと出会える「宇宙の法則」を侮ってはいけません

今いる世界は、すべてあなたがつくっている

あなたの思っていることが、今のあなたの現実をつくっている――これが宇宙のエネルギーの法則です。

ということは、もしも素敵なパートナーがほしいと思っているのに、今現在そうではない場合、あなたは心から「パートナーがほしい」と望んでいるわけではない、ということになります。

……この話をすると、「えーっ。私は本当に彼氏がほしいのに！」と思いきり

反論されることがよくあります。

でもそれは、あなたが頭で考えていることであって、心で思っていることではないのがポイント。

頭では「彼氏がほしい」「結婚したい」と考えていても、心のなかでは別のことを思っています。たとえば、「結婚はしたいけれど、実際は面倒くさそうだな」「彼氏はほしいけれど、私のことを好きになってくれる人なんていないのでは？」などと心のなかで思っている可能性があるのです。

怖いのは、宇宙のエネルギーは「〜けれど、」のあとの部分をキャッチして、それを現実の世界で採用されてしまうこと。つまり、「（結婚は）面倒くさそう」「私のことを好きになってくれる人なんていない」という現実を引き寄せていることになります。

少し整理してみましょう。

頭で考えていること……「彼氏がほしい！」「結婚したい！」

心で思っていること……「自分の時間がなくなるのはイヤ」「結婚に失敗したくない」


というように、私たちの「思い」は頭と心で分かれています。

現実をつくっているのは、心で思っていることのほう。その割合は、頭で考えていることが５％くらいだとすると、心で思っていることは95％くらいのイメージです。

宇宙のエネルギーの法則では、心で思っていることがほぼ現実になります。

だから、**もしも「彼氏はほしい！」「結婚したい！」と本気で願うなら、心で思っていることを「私は彼氏がほしい！」「私は結婚したい！」に変える必要があります。**

そのためには、まず今の自分の心のなかの正直な「思い」を知ることです。頭

5%
ATAMA
KOKORO
95%
現実化

で考えていることと心で思っていることの違いに気づくことからはじめましょう。「彼氏はほしいけれど、年下はイヤ」「結婚はしたいけれど、今の自分を変えてまではしたくない」というような思いが心の奥にあるうちは、あなたが「結婚するという現実」をつくるのは難しいのです。

宇宙のエネルギーの法則は、とてもシンプルです。
あなたがそれを望むか望まないか、選ぶか選ばないか——たったそれだけのことなのです。

宇宙のエネルギーの法則は、じつはとてもシンプル！

もしも今、あなたが「うまくいかないな……」と感じているのだとしたら、それは「今のままでいたい」と思っているあなたと、「変わりたい」と思っているあなたがせめぎあった結果、「今のままでいたい」と思っているあなたが優勢だからです。とてもシンプルな仕組みですよね？

そう、**宇宙のエネルギーの法則は、想像以上にシンプル**です。あなたが心のいちばん奥で思っていることを、そのまま聞き入れてくれ、その現実をつくってくれるだけです。

「今の現実は、思っていることと違うのにな……」という場合、その原因は、自分なりの言い訳をつくって自分の心の本音に気づかないフリをしていることにあるかもしれません。

たとえば、素敵な彼氏がほしいと思っているのに「彼氏ができたらうれしいけれど、素敵すぎる相手だとすぐに浮気をされてしまうかもしれないな」と思ってしまう時。

そこには、「うまくいかなかったらどうしよう」という不安や「傷つきたくない」

という恐れがあります。

でも、そういう不安や恐れは心で思っていることではなく、頭で考えていること。

あなたが本当に望んでいるのは、「素敵な彼氏がほしい」という、とてもシンプルなことのはずなのです。

不安や恐れがあって、自分の心の本音に気づかないフリをしたまま「うまくいくはずがない」と思っていれば、宇宙のエネルギーの法則は、うまくいかない現実を引き寄せます。

気づいてほしいのは、**素敵な彼氏ができて順調な交際をすることと、苦しみや辛いことはセットで起こるとは限らない、**ということです。

「素敵な彼氏だから浮気をされても仕方ない」「素敵な彼氏だからいつかフラれ

る」といったことは頭で考えていることであって、心で思っていることではない

――そこに気づくことができれば大丈夫。

あとは、あなたが本当に望んでいることをはっきりとイメージするために、気持ちをニュートラルに戻すためのゼロ化のワークをすればいいだけです。

今のあなたと、「ありのままのあなた」の違い

「ありのままの自分」を誤解していませんか？

「ありのままのあなたでいいんです」という言葉は誤解を生みやすいものです。
もしも、今のあなたが「こんなはずじゃない」「どうせ私なんて……」と不満や悲しみを抱えている状態で、「そんな自分でもいい」といわれても、なかなか明るい気持ちにはなれないですよね？

「今のあなた」と「ありのままのあなた」は別物だと思って正解。ふたつの「あなた」の違いを知ると、進むべき道が自然に見えてくることがあります。

ありのままのあなたは、魂レベルの自分のこと。もともと持っている輝きのとおりに生きているあなたが、ありのままのあなたです。そこには嘘もストレスもいっさいありません。

前向きでワクワクしていて、愛があふれている状態のあなた、それがありのままのあなたです。

思いどおりにならない人間関係にイライラしてスイーツをやけ食いする気持ちが不安定なままのあなたは、たとえ今がその状態だとしても、ありのままのあなたではなく、たまたま今のあなたがそういう状態になっている、というだけのことなのです。

ありのままのあなたが何を望んでいるか、自分自身で気づくと、その望みが自分だけがワクワクすることではなく、まわりの人のために役に立つことだということもわかるようになります。

たとえば、今、会社員の人がいて、魂レベルの自分が「本当はお花を扱う仕事ができたら、どんなにいいだろう」と思っているとします。

そういう人がフラワーショップにお勤めするようになって、お客様のリクエストにピッタリの花束をつくり、喜んでもらえることに心から幸せを感じているとしたら、どうでしょう。

あなたも同じように「素敵だな。私もそういうふうになりたいな」と誰かの役に立ったり、望んでいることを実現させたりしたいと思いませんか？

あなたの心の奥には、もともとあなただけが持っている役割やミッションがあって、それがありのままのあなたになると自然と表面に出てくるようになります。

そして、役割やミッションが誰かの役に立つものであればあるほど、強いエネルギーが流れるようになります。

すると、あなただけでなくまわりの人たちの幸せにつながり、宇宙全体が明るい方向に向かうことになるのです。

「ありのままの自分」は自分軸で考え、行動する

ありのままのあなたと今のあなたがゴチャゴチャになっていることに気がつけないと、苦しくなる時があります。

たとえば、恋愛や結婚について、「なぜ彼氏がほしいのか？」「どうして結婚したいのか？」を深掘りしていくと、こんな思いがある人もいるでしょう。

「素敵な彼氏を友だちに自慢したい」
「この先、ずっとひとりでいるのは不安」
「早く結婚して親を安心させたい」
「まわりの友だちは、ほとんどみんな結婚しているから、私もしないと」

……勘のいい人なら気づいたかもしれませんが、これらの思いはすべて、ありのままのあなたから発せられたものではありません。

「まわりから、どう思われるか」「まわりが、どう思っているか」を基準に考えた時に出てくる思いになっているからです。

今のあなたが思い込んでいることと現状がズレていると、苦しくなることもあるでしょう。

でも、まわりに影響を受けた結果の恋愛観や結婚観は、ありのままのあなたが望んでいることではありません。今のあなたが苦しくても、ありのままのあなたの本当の願いがわかれば、苦しくなることはなくなります。

ありのままのあなたは、あなたが本当に望んでいることや、あなたが本当にやりたいことを知っています。

まわりの影響を受けることなく、自分軸で物事をとらえることができるので、いつでもフォーカスするのは自分自身の心だけ。まわりに振り回されることなく、自分が毎日ご機嫌でいられるような選択をできるようになります。

たとえば、彼氏からLINEの返事がすぐにこなくても「きっと、何か事情があるんだろうな」と考えて、別の楽しい時間を過ごしながらゆったりとした気持ちで返信を待つことができるでしょう。

誰かのキラキラしたSNSを見てもイライラすることなく、「毎日のようにキレイな写真をアップするのって、それはそれで大変なんだろうなあ」と、少し離れたところから眺めていられるようになるはず。

職場の上司から小言をいわれたとしても、「今日は機嫌が悪いのね。ま、でもそういう日もあるかもね」ととらえ、不必要なダメージを受けずに気持ちを切り替えることもできます。

そうやって、自分のことを大切にしながら、まわりにも愛を持って接することができるようになったら、毎日はもっとハッピーで快適に過ごせるようになります。

煮詰まりそうになった時、ありのままの自分に戻すための方法については、のちほど詳しく説明します。

心のブロックを取り去ると、出会うしかない現実がやってくる

気づいた瞬間、運命の人は現れる

よくいわれてることですが、ひとつの物事にはいろいろな見方ができます。毎日起こるささいな出来事に対して、「あなただったら、それをどう見るか？」ということです。

たとえば、こんなシチュエーションで考えてみましょう。

お店でサービスや接客態度のよくないスタッフに応対された時に、「なんて感

じの悪い応対なんだろう」とイライラする人と、「人のフリ見てわがフリ直せ。私も気をつけようっと」と思う人。

仕事で失敗した時に、「私って本当にダメだよな……」と自分を責める人と、「この失敗から、こんなことを学ぶことができた！」と次に活かすことを考える人。

お気に入りのマグカップを割ってしまった時、ただただ落ち込む人と、「まあでも、そろそろ新しいものに買い替えてもいい時期だったかもね」と思う人。

友だちに誘われて参加した飲み会に好みのタイプの人がいなかった時、「今日はハズレだな……」とブルーになる人と、「せっかくだから、おいしいラーメン屋さんの情報収集でもしてみよう」と前向きに臨む人。

いずれのシーンも状況は同じですが、見方はそれぞれ。どんな見方がいいとか悪いとかではなく、正しいか間違っているかでもありません。

大切なのは、まずはいろいろな見方ができる、と知ること。そして、自分の心がハッピーな気持ちになるような見方に変えていけばいいのです。

恋愛や結婚についても、同じことがいえます。

今、彼氏や旦那さんがいないことに対して、「きっと素敵な人となんて出会えない」「どうせ結婚してもうまくいかない」といった偏った見方をしていないか、もう一度、自分の心にたしかめてみましょう。

自分でも気づいていないところで恋愛や結婚に対して偏った見方をしている場合、運命の人は現れなくて当然です。

心のブロックを取り去り、ありのままの自分に戻ったあなたが「私は今、幸せだな」と心から感じたその先に、あなたの望んだ現実が待っているのです。

Chapter 3

「運命の赤い糸」は存在する！
あなたを変えるツインレイの法則

出会って3ヶ月は、だれでもツインレイを演じられる

ありのままのあなたが出会う「ツインレイ」とは?

繰り返しになりますが、今のあなたに起こっていることは、すべてあなたが引き寄せた結果です。

宇宙のエネルギーの法則は、あなたがイメージした世界が現実化するのではありません。**あなたが放っているエネルギーの「人」や「もの」、「出来事」や「思い」を引き寄せて現実をつくっている**のです。

「このままずっとひとりだったらどうしよう……」

「素敵な彼に愛されるかどうか不安でたまらない……」

という不安は、すべてあなたが「頭」で考えたこと。

頭のなかだけで自分でつくりあげた不安に振り回されそうになったら、のちほどご紹介するワークによって「心」をゼロ化することで気持ちを安定させ、自分らしくいられるベストな状態に戻してあげましょう。


宇宙のエネルギーは、同じエネルギーのもの同士を引き寄せ合います。

喜びには喜びを、幸せには幸せをそれぞれ引き寄せるのだとしたら、あなたが自分らしくいることが大事。あなたが自分らしく、ありのままでいることで、ありのままのあなたが自分らしいままでいられる相手と出会えることになるのです。


ありのままのあなたが出会うのは「ツインレイ」です。スピリチュアルの世界に詳しい人ならツインレイという言葉をすでに聞いたことがあるかもしれません。

よくいわれているのは、「ツインレイ＝魂の片割れ」ということです。もともとひとつだった魂がある時から分かれて、別々の世界を生きていくことになったとされています。

私の考えるツインレイは、単なる魂の片割れというより、もう少しエネルギーの高いところで、大きな愛によってつながっている運命の人です。

今まで別々の場所でお互いに生きてきたけれど、今の世界で再び出会うことができ、一緒にいることで無条件に喜びや幸せが増幅されるような相手――それが私の思うツインレイです。

これまで身につけてきたたくさんの鎧《よろい》を外し、ありのままのあなたになった瞬間、そんなツインレイに出会うことになっているのです。

ツインレイと一緒にいて感じるのは、ただ幸せだけ

私の考えるツインレイは、ひと昔前によくいわれた「ソウルメイト」とは少し

Chapter 3

「運命の赤い糸」は存在する！ あなたを変えるツインレイの法則

ニュアンスが異なります。

というのも、ひと昔前までのソウルメイトは、その時の自分が必要とするテーマによって、さまざまな「学び」を経験しながら成長していく相手、というイメージでした。

「傷つけ合いながらも、お互いに成長していく」「価値観が１８０度ひっくり返るような刺激的な出来事によって、お互いに高め合っていく」といった、なんらかの摩擦や障害があって、それを二人で乗り越えることにより絆《きずな》を強くしていくような関係です。

私の考えるツインレイの二人のあいだに、摩擦や障害はありません。

二人が出会ったあとは、ただシンプルに喜びや幸せを味わって、ワクワクする気持ちやほっこりする気持ちが大きく育っていく、ピースフルでハッピーな関係です。

なぜなら、もともとひとつの魂だった二人が再び出会う前、別々に生きていた時代に、お互いに苦しいことも辛いことも含めていろいろな経験をしているはずだから。

お互いにいろいろな経験を越えた先に、ありのままの自分たちに戻って再会できた相手とは、もう自分を偽らなくてもいい。それが、ありのままのあなたでいるだけで、最高に居心地よくいられる相手との出会いなのです。

出会って3ヶ月は「運命の人」を勘違いしがち

新しい出会いがあった時、その相手がツインレイかどうかを見極めるのは簡単ではないかもしれません。

「この人こそ、運命の相手に違いない」と思い込み、交際を続けて3ヶ月くらいは相手のペースに合わせる人がほとんど。すると、二人のあいだにはこれといったトラブルもなく、平穏無事に時間が過ぎていくことになるでしょう。

だからこそ、３ヶ月目に入った時が見極め時。

ただし、見極めるのは相手ではなく自分の心です。「本当はどうしたいの？」と自分の心と向き合って、ドライブに入っているギアを一度ニュートラルに戻す必要があります。

「平日も会いたいのに、週末のどちらかしか会えない。でも、〝重い女〟だと思われるのが怖くてそれをいい出せない」

「デートで行くのは居酒屋ばかり。たまにはイタリアンのお店にも行きたいのに……」

「本当は友だちに会ってほしいのに、面倒くさがられる」

……そんなふうに、相手への小さい不満がたまってくるのもだいたい３ヶ月目あたりでしょう。

もしも、ここで心をゼロ化してニュートラルなポジションに立ち返ることができるなら、ありのままのあなたで相手に接することもできるようになります。

あなたの心が整っていれば、「平日はお仕事で疲れているのかもしれないな」「イタリア料理とか好きじゃないのかな。あんまりお店を知らないとか?」「意外と人見知りなところがあるからストレスになってもよくないな」などと、余裕をもってとらえることも可能です。

すると、相手のことを「あなたの不満に気づかない鈍い人」ではなく、「ツインレイかもしれない人」として見方を変えられるのです。

大切なのは、あなたがありのままでいること。ありのままでいるあなたが居心地よくいられることが最優先なのであって、相手に合わせたり、相手を無理矢理ツインレイだと思い込むための努力をしたりすることではありません。

ツインレイに出会える人、出会えない人

「結婚は誰でもできる」って本当？

「私、結婚できると思いますか？」と率直な思いで質問されることがあります。

結論からいうと、ざっくりした答えはイエス。結婚したいという願いを叶えるだけなら、多くの人が結婚できるでしょう。

ただ、自分のツインレイと結婚できるかどうか、ここが大切なところです。

相手を選ばなければ結婚するのは難しくないことかもしれませんが、**ツインレイには出会える人と出会えない人がいる、**というのが正直な答えです。

現実的に考えて、「誰でもいいから結婚したい」という人はいないはず。誰もが自分のツインレイと出会って一生幸せな毎日を送りたいと思っているでしょう。

ツインレイは、ありのままのあなたでいる時に心が共鳴する相手のこと。だからこそ、自分に嘘をついていたり、恋愛や結婚へのメンタルブロックがあるままだったりするのではなく、ありのままのあなたでいる必要があるのです。

ありのままのあなたになるにあたって、ゼロ化をして心をニュートラルに戻す方法のほかに、もうひとつ大切な考え方があります。

それは、**誰かの価値観や一般的にいわれていることにとらわれず、あなたにとっての幸せを見つける、**という考え方です。

たとえば、「結婚相手に求める年収は６００万円以上であるべき」「40歳までには結婚しなければ」といったことは、なんとなく誰かがそんなふうにいっていたことだったり、まわりが決めたことだったりしませんか？

「こうあるべき」「ああしなければ」といった考え方がクセになっている人は、一度立ち止まって、「私は本当にそれを望んでいる？」と自分の心に聞いてみましょう。

まわりがどう思うのかではなく、自分の心が望んでいることを大切にすると、ありのままのあなたに戻りやすくなるはず。あなただけの幸せの形を見つけてください。

ツインレイに出会えない人の共通点

インドに「弟子の準備ができた時、師は現れる」ということわざがあるのを知っていますか？　文字どおりに受け取ると、生徒が成長したタイミングで先生が現れる、という意味です。

私は、このことわざには、もうひとつの教えがあると思っています。

それは、自分がその段階に達した時、はじめて相手の素晴らしさが理解できる、という意味です。

たとえば、ラジオにはいろいろな局があり、それぞれのラジオ局で番組を放送しているけれど、あなたがチューニングを合わせない限り、番組を聞くことはできないですよね。

同じように、相手がどんなに素敵な人であっても、あなたが相手の素敵さを感じ取れるようチューニングを合わせる準備をしていなければ、その素敵さは伝わらないのです。

これはツインレイとの出会いにも、あてはめて考えることができます。

もしも、あなたが自分に嘘をついて別の自分を演じていれば、宇宙のエネルギーはセオリーどおりに別の自分を演じている男性を引き寄せるでしょう。

すると、本来であればあなたのツインレイである男性が目の前にいても、あなたはそのことに気づくことができません。あなたが、ありのままのあなたでない限り、同じようにありのままでいる男性の素晴らしさには、なかなか気づくことができないことになります。

……もう気づきましたか？

ツインレイに出会えない人は、じつはツインレイと出会えないわけでもなければ、ツインレイがいないわけでもありません。ツインレイと出会っても、心の目が曇ってしまっているために、彼が運命の相手だと気がつくことができないだけなのです。

さて、あなたの心の目を曇らせている原因は何ですか？

「ツインレイと出会える人」になるためには、今が絶好のタイミングではないでしょうか。

偽りのあなたが出会った偽りのツインレイの相手

偽りのツインレイと本物のツインレイ

これまでの恋愛経験を振り返った時、「なかなかいい人と出会えなかった」「いいと思う人とはうまくいかなかった」と思う人は少なくありません。

じつは、その原因はハッキリしています。ありのままのあなたではなく、偽りのあなたとして恋愛をしてきたからです。

先日も、こんなお悩みを抱える女性に出会いました。

その彼女は、これまで付き合った人はいたものの、結婚まではいたらなかったといいます。

年齢を重ね、まわりでも結婚をしている女友だちのほうが多くなり、焦りを感じて婚活をスタート。友人の紹介で食事会に行くのはもちろん、婚活イベントに参加したり、マッチングアプリに登録したりと割と積極的に行動をしたとのこと。ところが、結果は今ひとつ。「この人と結婚するなら、ひとりのほうがマシかも……と思うような人ばかりで、なかなか理想の人と出会えないんです」と、ため息をつくのでした。

私は、悩んでいる彼女にさらに詳しく話を聞いてみることにしました。

すると、理想の相手の条件としてあげたのが「バツイチ以外」「身長は１７５センチ以上」「年収は８００万円以上」と、なかなか強気な希望を次々と出してくるのです。

そういう彼女の話を聞いていて思ったのが、「本物のツインレイと出会うには、彼女自身を変える必要がありそうだな」ということでした。

ここで誤解してほしくないのは、「理想の条件を甘くしたほうがいいですね」という解決法がベストではない、ということです。

理想を下げるよりも大切なこととして、**「どうして結婚したいのか？」ということを、自分の胸に手を当ててじっくり考えてみてほしい**のです。

彼女にも、結婚したい理由や「結婚したら、どんなふうに暮らしたいのか？」を具体的にイメージしてもらいました。

その結果、彼女が考え抜いた末に自分で出した答えは、「週末は一緒に近所のスーパーマーケットにお買い物に行き、二人で料理をつくってワインを楽しみたい。穏やかで家族を大切にする人といつまでも愛し合って暮らしたい」というものでした。

この答えこそが、ありのままの彼女が望んでいることだったのです。

でも、ちょっと考えてみてください。

それまでの彼女が希望していたのは、「バツイチ以外」「身長は１７５センチ以上」「年収は８００万円以上」という条件でした。

これらの条件と、ありのままの彼女が本当に願っていた結婚生活とはちょっと別のものだと思いませんか？　お相手の男性に結婚歴があることや、身長や年収が高くないことは、週末にお料理をしながらワインを飲んだり、家族を大切にしてくれたりすることとまったく関係がないのです。

つまり、「バツイチ以外」「身長は１７５センチ以上」「年収は８００万円以上」を希望していたつもりになっていたのは、偽りの彼女。偽りの彼女がリクエストしたことには、仮に宇宙のエネルギーが反応しても、引き寄せるのは偽りの相手でしかありません。

偽りの相手と恋が続かなかったのは、当たり前のことだったのです。

自分の本当の心の声を聞き、ありのままの自分になってはじめて、偽りの自分を卒業できた彼女は、その後すぐに本物のツインレイとめぐりあえたようです。

本物のツインレイに出会えた「理想の１００個を書き出すワーク」

ありのままの自分になる勇気を持ったことで、本物のツインレイに出会えた例はほかにもあります。

以前、開催したワークショップのなかで「『こんな人とパートナーになりたい』という理想を１００個、書き出してみましょう」というワークを受講者のみなさんにやってもらったことがあります。

書き出す内容は「イケメン」「頭がいい」などの肯定形だけでなく、否定形でもＯＫ。たとえば、「ケチじゃない」「食べ方がＮＧじゃない」「神経質じゃない」

というような否定形のものでも構いません。

やっていただくと実感できますが、１００個ものリクエストを考え、それを書き出すのはなかなか時間がかかることです。はじめのうちはスラスラと順調に書き出していた人でも、ある時からパタッと書くスピードが遅くなります。

でも、じつはそこからがもっとも大事な作業なのです。

というのも、**はじめにワーッと勢いよく書き出すことは、偽りのあなたのリクエストである場合がほとんどだから**です。それこそ、先ほどの女性のように「バツイチ以外」「身長は１７５センチ以上」「年収は８００万円以上」といった条件的なことが次々と出てきます。

でも、こういう偽りのあなたが発するリクエストも、平均すると12個あたりで尽きてくるようで、13個目くらいからはようやくありのままのあなたの、本当の心の声を聞くことができる体制に入ります。

本心に近づく！
13
14
15
16
17
1
2
3
4
5
偽り

Ａさんの場合もそうでした。Ａさんは、受講生のなかでもいちばんおとなしいタイプの女性で、ワークショップでの発言も控えめすぎるくらいだったこともあり「大丈夫かな？」と心配になるほど。

そんなＡさんも、「こんな人とパートナーになりたい」という項目について真剣に考え、丁寧に１００個を書き出していたのが印象的でした。

はじめのほうに書き出すことは、多くの女性と同じで「イケメン」「マッチョ」「年下」のようなことでしたが、やはり13番目くらいからは、書く時間より考える時間のほうが長くなり、ひとつずつ自分の心に問い合わせるようにして書き出していました。

そこには、「一緒にお料理をつくって楽しむことができる」「映画を観ていて、笑うシーンが私と同じ」「私の生まれ育った街を好きになってくれる」といった、「ああきっと、これが本当のＡさんなんだろうな」と思うことがたくさん並んでいました。

それから、2ヶ月もたたないうちにAさんから「結婚することになりそうです」という連絡があったのです。

Aさんいわく、「年上でバツイチの男性だったから、昔の私だったら絶対断っていたと思います。でも、あの時のワークで〝ありのままの私〟を知り、ダメ元で彼と食事に行ってみたら、ものすごく楽しかったんです」とのこと。

ちなみに、Aさんの彼氏は、彼女が書き出した13番目以降のリクエストに不思議なほどピッタリあてはまっていたそうです。

「この前、とうとう彼から合鍵をもらって。ここに彼と一緒に住む予定なんです」と写真を見せてもらいましたが、Aさんの生まれ育った街と同じように、窓から海が見えるような素敵なお部屋でした。

Aさんは、勇気を出してありのままの自分になったことで、本物のツインレイを引き寄せました。

さあ、あなたも１００個を書き出すワークで、ありのままのあなたを見つけてみませんか？　きっとその先には、自分でも知らなかった本当の自分と、ありのままのあなたにふさわしい本物のツインレイが待っています。

運命のベストパートナー、ツインレイに出会うには？

「これだけは譲れない10個」と思うことを書き出してみる

運命のツインレイに出会うことができる、「こんな人とパートナーになりたい」という理想を１００個、書き出してみるワーク。これには、じつはもうひとつ追加のワークがあります。

それは、パートナーになる人についてあなたの理想の１００個の項目を書き出すほかに、「これだけは譲れない」とあなたが思っていることを10個、書き出してみることです。

「お金がない人だけはイヤ」「遠距離恋愛だけは避けたい」「服のセンスがない人だけはダメ」のような感じで、あなたが絶対に譲れないことを10項目、書き出してみましょう。

理想の１００個を書き出すのも、譲れないこと10個を書き出すのも同じ、**「書く」という作業をすることであなたのなかで眠っていた意識がハッキリとします。**

そうやって、意識が明確化したところで、今度は理想と現実のすり合わせをしましょう。具体的には、「これだけは譲れない」と書き出したことを、ひとつずつじっくり深掘りして考えるようにします。

たとえば、「お金がない人だけはイヤ」と思っていたことも、深く考えてみると、「お金がないことがイヤ」なのではなく、「ケチなのがイヤ」だったりすることがあります。だとするならば、「計画的にきれいなお金の使い方ができる人」ということになりますよね？

「遠距離恋愛だけは避けたい」と思っていたことも、「すぐに結婚したい相手となら、早く一緒に暮らせる」と考えることができますし、「服のセンスがない人だけはダメ」でも「お付き合いしたら一緒にショッピングをして、私好みの服を選べばＯＫ」のように変えることはできそうです。

「こんな人とパートナーになりたい」という理想を１００個書いてもらった時も、はじめのうちにワーッと勢いよく書いたことが、偽りのあなたのリクエストだったように、「これだけは譲れない」と書き出したことも、偽りのあなたの思い込みかもしれません。
「本当に、そこがイヤなの？」「どうして、それが気になるの？」などと、自分の心にしっかりと問い合わせてみることで、自分でも意外な答えが自分自身から返ってくることも多いのです。

もちろん、なんでもかんでも無理矢理にポジティブな方向で考える必要はありません。ただ、もしもそれほどイヤでもないことにこだわって、運命のツインレイと出会うことができないのはもったいないと思いませんか？

自分をゼロ化してみて、本当にイヤなことなのか自分の心と向き合ってみると、自分のなかでOKを出せることもあることに気がつけるはず。

そんな気づきが、ありのままのあなたに近づく大きな一歩になるのです。

苦しい恋愛から抜け出せる「ゼロ化のワーク」

あなたが相手のことを好きだと思う部分と、苦手だと思い込んでいる部分は、じつは表裏一体だったりすることもあります。

大切なのは、**あなたの心がゼロ化のワークによってニュートラルな状態になると、一見、嫌いと思い込んでいた部分も「好き」に変わる**ということです。

たとえば、こんなことも起こります。

（好き）行動力がある

⇔

（嫌い）口先ばかりでなかなか動こうとしない

↓でもゼロ化すると……「慎重に行動できる冷静さが好き」に変わる！

（好き）友だちが多い

⇔

（嫌い）友だちが少ない

↓でもゼロ化すると……「少数でも信頼できる友だちと深く付き合えるところが好き」に変わる！

（好き）
気がきく
⇔
（嫌い）
気がきかない
↓でもゼロ化すると……「天然なところに癒されるので好き」に変わる！

こんなふうに、自分をゼロ化してニュートラルな心の状態にすると、とらわれることから解放され、いろいろなことを楽しめるようになります。
楽しいと感じるハードルは、低ければ低いほど幸せになりやすいもの。幸せな状態を感じることによって、その幸福感は現実になるのでハッピーのスパイラルが起こるのです。

同じ状態であっても、心のありようを変えるだけで「嫌い」が「好き」に変わるほど見える世界が一変するなんて、とても面白いことだと思いませんか？

よく、ビジネス誌に書いてあるような成功法則のひとつに、「成功する人は、ピンチを切り抜ける解決策を最低でも20パターンは持っている」というセオリーがあります。

問題が発生した時でも、たくさんの解決策を知っていればピンチをピンチと思わず、楽しみながら乗り越えられるということです。

これと同じことが、私たちにも起こります。

ゼロ化することを習慣にすると、一見、マイナスの状況に思えるようなことが起きても、「こんなふうに考えたらどうかな」「こういう考え方もできそう」など と、自然と楽しい方向に思考をシフトしていくことができるようになります。

思考の選択肢がたくさん持てるようになると、彼氏やパートナーができた時も不要なケンカをせずにすみます。

たとえば、仕事でイライラしている彼があなたに八つ当たりでひどいことをいったとします。思考の選択肢が少ないと、「ひどい。許せない！」「私が悪かったのかな」などととらえ、怒りや悲しさ、悔しさといったネガティブで苦しい気持ちになるでしょう。

ところが、思考の選択肢がたくさんある場合、もちろん先ほどの「許せない」「私が悪かったのかな」というマイナスな思いもありますが、それだけではなく、「あんないい方をするなんて、彼らしくないな。きっと、何かイヤなことがあったに違いない」

「あんなふうにいわなくてもいいと思うけれど、まあ彼のいうことも一理あるのかもしれないな」

「ちょっと聞こえないフリをしてみようっと（笑）」
といったことも同時に思い浮かぶようになります。

すると、たくさんの思考のなかから、あなたがもっとも自分自身で納得できる考え方を選べる自由が与えられるのです。

思考を意識的に選択できるようになれば、目の前の現実はあなたにとって都合のいい世界に変わります。

「ひどい。許せない！」といい返してケンカになるか、「イヤなことがあったのかな」と優しい気持ちで接してあげられるかは、あなたの思考の選択次第といえるのです。

今まで苦しい恋を続けてきた人は、心をニュートラルに戻すゼロ化のワークを習慣にすることで、たくさん思考の選択肢を増やしていきましょう。

本当の自分に戻らないと、出会えないし出会っても気づけない

ツインレイに出会うサインを見逃さないコツ

ゼロ化のワークをすることを習慣にするとツインレイに出会えるようになるだけでなく、いつツインレイと出会っても、それが運命の相手だと気づけるようになります。

ゼロ化のワークは「一週間に1回以上はすべき」「一日に1回はしなければ」という類《たぐい》のものではなく、「気持ちが落ち着かない時」「ブルーな気分になった時」「自分よりまわりの人を優先して考えそうになった時」といった、凹《へこ》んだり自分

を見失いそうになったりした時には、いつでも何度でも試してほしいワークです。

どうして、何度もゼロ化のワークをするのか？　その理由は、私たちの心はとても揺れやすいからです。

ツイてないことがあった時や人間関係でつまずいた時など、反射的に「あーあ」と思ってしまうのは、心が揺れてしまっている証拠。「ワクワクする」とは真逆の状態になって、すっかり心がしぼんでしまっています。

そんなふうに誰もが簡単に心が揺れて不安定になりやすいからこそ、いつだって心をニュートラルなポジションに戻すためのゼロ化のワークを、たびたびおこなう必要があるのです。

ゼロ化のワークを続けていることで、心が安定している時間も長くなり、まわりの人の影響を受けず、自分自身の軸で物事をとらえられるようになるのもいいところ。

そうやって、あなた自身のエネルギーの質を高めていくのがおすすめです。

ゼロ化のワークによって、ありのままのあなたになると、ツインレイに出会うことになりますが、出会う時期に入ると、誰の身にも毎日のように起こることがあります。宇宙のエネルギーを通じて私たちにサインを送っている、といってもいいかもしれません。

それが、**シンクロニシティ**です。

よく知っている人も多いと思いますが、シンクロニシティとは一見まったく関係のなさそうな人や出来事が、じつはつながっている現象のことをいいます。

「ふと『最近会っていないけれど、〇〇さんは元気かな？』と思っていたら、〇〇さんからメールが届いた」

「電車のなかで夕べ観たドラマのことを考えていたら、隣に座ったカップルがそのドラマのことを話しはじめた」

A子ちゃん
どうしてるかな…
数分後
A子ちゃんからだ!
久しぶりー
元気だった?

今朝目がさめたら
5時55分
だった!!
今日の占い
ラッキーナンバー
が5だった!
これって
…
555円に
なります
cafe

「なにげなく目に入る車のナンバーや、開いた本のページの数字が同じだった」というように、偶然の一致に思えるようなことがシンクロニシティです。とくに恋愛や結婚を予感させることではなくても、偶然の一致に思えることなら、それはすべてシンクロニシティです。

シンクロニシティが起こる時は、あなたが上昇気流に乗っている時だと思ってください。ありのままのあなたになってツインレイをタイミングよく引き寄せているサインであり、「そのまま自然にふるまっていれば大丈夫」という宇宙からのメッセージでもあります。

ただの偶然ではなく、私たちが投げかけたリクエストに対する、宇宙のエネルギーからの答えなのです。

もしも身近にシンクロニシティがたびたび起こるようになってきたら、そろそろツインレイと出会うタイミングに入った、ということです。そのままワクワクしながら、出会いの瞬間を楽しみに迎えましょう。

元カレと復縁できるかどうかもあなた次第

すべてのことは、ありのままのあなたになっていることからスタートします。

まずは、ありのままのあなたになっていないと、シンクロニシティも起こりにくいだけでなく、仮にシンクロニシティが起きても目の前を通ったツインレイに気づくことができずに、そのまま通りすぎていってしまうことも珍しくありません。

ツインレイに出会った時、少し意外に思う点があるとすれば、それは以前お付き合いしたり、「いいな」と気になったりしていたタイプとは異なるということでしょう。

ゼロ化のワークを習慣にして、ありのままのあなたになると、それまでの偽りのあなたとは男性観も変わっているのは当然のこと。

目の前に現れたツインレイを「この人……なの?」と思うかもしれませんが、大丈夫。彼こそが、今のあなたにふさわしい相手なのです。


ときどき質問されるのが、「ツインレイが元カレということはありますか?」というものです。


「昔お付き合いしていた彼氏ともう一度やり直したい」「今の私だったら別れた彼とも、もっと上手に恋愛ができる気がする」といった理由から、元カレとの復縁を望む人がいます。

もちろん、否定はしません。

ありのままのあなたに戻った時、自分の心が「やっぱり彼のことが大好き」と心から思うのなら、元カレがツインレイとしてあなたの前に現れるでしょう。あるいは、「元カレと連絡をとりたいな」と心から望むなら、向こうから「どうしてる？」とLINEが届くかもしれません。

うまくいく時は、何もしなくてもうまくいく。これが宇宙のエネルギーの流れです。


でも、私が知っている多くの場合、ありのままの自分に戻った人は、身にまとうエネルギーが以前とは変わり、まわりにいる人や出会う人も変わることが多いのも事実。無理に昔の恋を持ちだそうとしなくても、必ずといっていいほど新しいワクワクするような出会いが待っています。

「これまでの恋愛は、今こうしてツインレイの彼と出会うためだったんだ」と思っている人のほうが圧倒的に多い印象です。


そこに気づくと、**元カレと別れたことに対しても後悔や執着といったネガティブな気持ちを自然と手放せるようになるのも宇宙のエネルギーの成せるワザ。**

「お付き合いできたのは素晴らしい経験だった。交際しているあいだ、お互いに成長することができて、そろそろカップルの関係を卒業するタイミングだったんだな」
とお別れにも意味があったことを知るようになるのです。

Chapter 4

見えないエネルギーの力を使って、「永遠の愛」を手に入れる方法

エネルギーをニュートラルに維持するゼロ化のワーク

「感謝」と「礼」をルーティンにする

基本的なゼロ化のワークは、「感謝」と「礼」がベースになります。

「感謝」することは、すべての物事に対して信頼を表すこと。感謝は物事を、そして世界を肯定する姿勢です。

気持ちを表現する「感謝」に対し、「礼」はそれを身体で表現することをいいます。背筋を正し、つま先を揃えたら両脚をピンと伸ばして、首筋を曲げないようにしながら心を込めて、しっかり頭を下げます。

「礼」をする時は心を込めて「ありがとう」と言葉にするのが理想ですが、たとえ声にしなくても感謝の気持ちをきちんと乗せてお辞儀をしましょう。

「礼」は、最上級の感謝の形であり、信頼のエネルギーにも変わる、パワーみなぎる行動のひとつです。

「感謝」と「礼」に強いパワーが宿っていることを実感できるのが、**「結び」を体感できるワーク**です。

「結び」とは、エネルギーの結びつきのこと。無意識のうちに協力してくれることも「結び」であり、合気道でいうところの「合気」の状態をいいます。合気道では、相手からのエネルギーを受け取って、それを調和し、「結び」を起こして相手を抑えたり、投げたりします。

「結び」は、「感謝」と「礼」をすることにより引きおこすことができます。

【「結び」を体感できるワーク】

結びの現象そのものは、友人や家族など協力してくれるパートナーがいれば、簡単につくり出せます。

Step1　10人で縦一列になり、前の人に手をかけて並びます。

Step2　別の1人（11人目）が列の先頭の人を押します。

Step3　11人目の人は、10人全員が見える位置に立ち、ひとりひとりに「感謝」の思いを胸に、「いつもありがとうございます。よろしくお願いします」と「礼」をします。

Step4　Step2と同じように、列の先頭の人を押します。

このワークで実感できるのは、**「感謝」と「礼」をする前とあとでは、パワーの大きさが異なること**です。

Step2の段階では、後ろのほうの人まで力は伝わらず、すべての人が倒れる状態にはならなかったのではないでしょうか。「感謝」と「礼」をしていないから力が足りないのは当然です。

Prologue

Step2

Step4

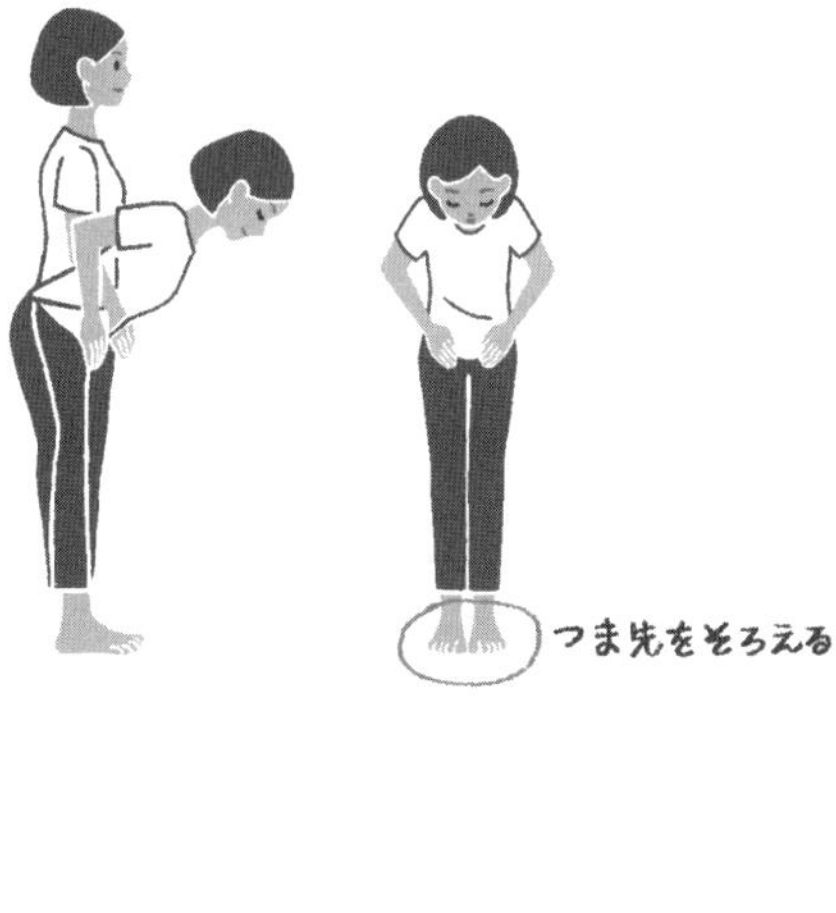

ところが、「感謝」と「礼」をしたあとのStep4では、いちばん後ろの人まで力は伝わり、総崩れになるはず。これは、自分の力が強まっただけでなく、押している人と押されている人のあいだに「結び」が起こった証拠。

つまり、押されている人は、無意識のうちに押している人に協力するようなパワーが生じるのです。

ちなみに、「感謝」と「礼」はどちらも日本に古くから伝わる作法です。日本には古くから、さまざまなことに作法が存在し、私たちの心を表現するものとして、いつも大切に扱われてきました。

たとえば、神社でお参りする際をはじめ、茶道や華道、柔道や剣道にもそれぞれ作法があります。作法なくして体得はありえません。

とはいえ、形にとらわれすぎると、心を忘れそうになるのも事実。神経質になりすぎないように気をつけながら、「感謝」と「礼」をルーティンにしましょう。

あなたが幸せで満たされていれば ツインレイは引き寄せられる

他人軸ではなく、すべては自分軸で決める

あなたがワクワクして楽しい気持ちになった時、宇宙のエネルギーはあなたが望んだとおりの方向に働きはじめます。

どんな時にワクワクし、何をしていると楽しいと思い、誰といると幸せと感じるかを選択するかは、すべてあなたの自由。あなたが自分の人生を選んでいいのです。

あなたの幸せは、外の世界とは1ミリも関係がありません。

何度もいいますが、あなたが「ああ、幸せだな」と感じることができる選択をすること。**自分の軸で行動することが、宇宙のエネルギーを味方につけるポイント**だからです。

彼氏やパートナーとなる男性像を考える時も、自分の軸が大切です。

たとえば、しばらく彼氏がいない人は、自分でも気づかないうちに、男性に対して厳しい条件を設定している可能性があります。

「世間体のいい企業にお勤めしている」「マンションや外車を持っている」「将来的に外国に転勤する可能性もある」というような、いわゆる好条件でハイスペックな男性を追いかけること自体、まったく悪いことではありません。

でも、それらの条件が、あなたが心からワクワクすることではなかった場合、自分の本音を抑えてお付き合いを続けても、いつか必ず無理が出てくるでしょう。

「みんなが憧れる彼氏の条件だから」「まわりの人たちがすすめてくれたから」と

いった他人のつくった軸でお付き合いしても、あなた自身が幸せを感じることはできないからです。

あなたが幸せを感じることは、まわりがいいと思うことと同じではありません。

「あの人って、ちょっと変わっているよね」とまわりからは思われる人でも、本人はまったくそう感じていないケースがよくあるように、幸せを決めるのはいつも自分の心だけ。

誰とどんなふうにお付き合いをするかを選ぶのもあなたですし、幸せになる人生を選択するのもあなたなのです。

自分を幸せな気持ちで満たしてあげよう

「スカートを履くか、パンツにするか」
「パスタにするか、サンドイッチを選ぶか」

「バスに乗るか、歩いて行くか」
――私たちの毎日は、小さな選択の連続です。
どんなに小さな選択でも、**どちらを選ぶか迷った時のコツは、自分の心がハッピーになるほうを選択すること**です。

ワクワクしたりほっこりしたりと、いろいろな感情がありますが、とにかくあなたの心が「そっちのほうが幸せかも」と思えるほうを選ぶこと。自分の心の幸せのバロメーターを基準に選択することを習慣にしましょう。

外の世界で起こることは、時として幸せの基準が１８０度ガラリと変わることがあります。

ファッションやメイクのトレンドがあっという間に移っていったり、有名な企業が倒産したりと、私たちが予測できる変化ばかりではありません。「いいか、悪いか」「正しいか、間違っているか」といった、世の中がつくったモノサシはすぐに基準が変わったり、なくなったりします。

でも、あなたの心がハッピーを感じるかどうかのセンサーはいつも変わらず働きます。ということは、**どれほどまわりの幸福度の基準が変わっても、あなたが幸せを感じて選ぶという基準がブレないようにしてさえいれば、いつでもあなたはハッピーでいられるということ**です。

「いいか、悪いか」「正しいか、間違っているか」は変わっても、「自分にとって幸せか？」という変わることのないモノサシを持っておけば安心です。

少しずつブレてしまった時も、そのブレに気づいたタイミングでゼロ化のワークをすれば、必ずニュートラルな状態に戻すことができます。

ところで、「自《じ》灯明《とうみょう》」という仏教用語を知っていますか？「自分を灯りとする。ほかの人に頼らず、自分をよりどころとする」という意味があります。

内側から明るく照らして生き生きとしている人。まわりに振り回されず、自分らしく正直に生きている人。こういう人たちは、自分の幸せが外の世界にはないことを知っています。「誰かに幸せにしてもらおう」ではなく、自分で自分のことを幸せにできるからです。

ありのままのあなたに戻るというのは、自灯明のような存在になることです。もともとの性格や考え方は、ポジティブでもネガティブでも関係ありません。とにかく**自分自身がいっぱいの幸せで光り輝くことにより、光に向かってツインレイが引き寄せられてくる**のです。

あなたが幸せを感じている時に、宇宙のエネルギーは高まります。

あなたの心がいつも幸せで満たされていれば、シンクロニシティも起こりやすくなり、ツインレイにも出会いやすくなるはずです。

自分が変わることで、見える景色は変わってくる

「一緒にいて居心地がいい」と思う相手が変わってくる

自分自身がいつでもご機嫌な状態でいられるようにすると、「いつのまにか、自分のまわりにいる人たちが変わっていた」という現象が起こることもあります。

あなたの放つエネルギーが変わったことで、変わったあとのあなたと同じエネルギーを放つ人が引き寄せられてくることになるからです。

私たちは、自分の持っているエネルギーが変わると、「一緒にいて居心地がいいな」と思う相手も変わります。

ということは、その反対も起こるということ。つまり、それまでずっと「楽しいな」と感じていた相手であっても、あなたのエネルギーが変われば「なんだかちょっと違うかも」と違和感を持つようになることもあるわけです。

もしも、今までお付き合いしてきた人たちに対し、「最近、しっくりこないことが増えたかな」と感じたら、その感情を無理に否定することはありません。

「会っていてもあんまり楽しくなくなったけれど、お誘いを断わるのも悪いし……」

「波風を立てたくないから、とりあえず行っておかないと……」

というように、重い腰をあげてまでお付き合いする必要はないと思います。

ワクワクしないことをやっても思ったとおりの結果が得られることはめったにないように、楽しくなくなった人間関係を続けても、あまりいいことはないでしょう。

あなたの感じたことは、自分が想像している以上に正直に心の声を伝えている

のです。

相手のことを「しっくりこないな」と感じるのは、あなたの心が狭いからでもなければ、相手の言動に原因があるからでもありません。

ただ、あなたのエネルギーが変わったことで、お互いのエネルギーのバランスが合わなくなっただけのこと。どちらかが悪いわけではありません。

ですので、しっくりこなくなったことに対し、罪悪感を持たなくても大丈夫。「なんだか違うな」と感じたら、自分の心の声に正直にしたがって、相手と距離をおくのも悪くない選択ではないでしょうか。

勇気を出して変わることを選んだあなたのまわりには、今のあなたにもっとぴったりくる人たちがたくさんいるはずです。

ワクワクしたり楽しい気持ちになったりするのが、宇宙からのエネルギーを受け取るサインだとしたら、**「居心地がよくないな」と感じるのもまた宇宙からの**

よかったら
一緒にどう？
最近なんだか
合わなくなってきたな‥
距離をおかせて
もらおう‥‥

アレ
いいよねー
アレね!!
私も好きー
楽しい!!

サインなのです。

「なんでも話せる友だち」は、あなたを別のフィールドにつれていく

「今の自分を変えたい」と思ったら、今のあなたが身にまとっているエネルギーを変えるのが近道だというお話をここまでしてきました。

自分のエネルギーを変えるための方法はいくつかありますが、信頼できる友だちに協力してもらう方法もあります。

自分を変えるためには、まず自分がどういう人なのかを客観的に知る必要があります。「こういうところがあるから、こんなふうに変えよう」というように、具体的な行動に移す材料をそろえるためです。

ところが、自分自身を客観的に見つめることはなかなか難しいのが現実です。

そこで登場してもらうことになるのが、あなたがなんでも話すことのできるような信頼できる友だちです。

あなたのことをいちばんに理解してくれていて、真実を伝えてくれるような正直なタイプの友だちならベスト。あなたが今よりもっと思いどおりの恋愛をするためにまずは、「自分を変えたい」ということを打ち明け、力を貸してもらいましょう。

協力者となる友だちには、「あなたが改善したらいいと思うところ」を、ざっくばらんに語ってもらいましょう。

難しく考える必要はまったくありません。表面的なことからはじめましょう。

たとえば、

「いつもパンツが多いから、スカートを履いてみたら女性らしさがアップするかもよ？」

「ヘアスタイルをストレートじゃなくて、ゆるめのパーマをかけたらふんわりした印象になるんじゃない？」

「もうちょっと、ちゃんと今っぽいメイクをしてみたら？」

といったことでＯＫです。


この時、くれぐれも友だちには感謝を忘れないようにしましょう。

いろいろ指摘してくれる友だちは、決して今のあなたの人格を否定しているわけではなく、より魅力的なアドバイスをしてくれるためのありがたい存在です。

仮に、あなたの耳の痛くなるようなことをいわれたとしても凹むことなく、むしろ「教えてくれてありがとう」の気持ちを持って受け止めましょう。


さて、肝心なのはここからです。友だちから言われた「あなたが改善したらいいと思うところ」を聞いて、あなた自身はどう感じるでしょうか。

自分が感じたことに向き合い、次の行動に移せるかどうか。変わる人と変わらないままの人の分岐点はここにあります。

もちろん、友だちからのアドバイスを受けて、「やってみよう」と思えることを試してみることができるなら、それに越したことはありません。

あなたはコンフォートゾーンだった過去のフィールドから抜け出し、新しい別のフィールドにすっと移行していかれる人として準備が整っていたのです。

あとは、どんなワクワクすることが待っているか、流れに身をまかせていれば大丈夫です。

もしも、友だちの指摘してくれたことに対し、「それは無理！」「絶対にできない！」といった、かたくなな拒否反応があるなら、自分のその思いがどこからくるものなのか、一度掘り下げてみることをおすすめします。

たとえば、先ほどの「いつもパンツが多いから、スカートを履いてみたら女性らしさがアップするかもよ？」「ヘアスタイルをストレートじゃなくて、ゆるめのパーマをかけたらふんわりした印象になるんじゃない？」「もうちょっと、ちゃんと今っぽいメイクをしてみたら？」と答えてくれた友人からのアドバイスについて、かたくななメンタルブロック（自分でも気づいていない思考のクセ）がある場合、あなたの本心は「自分のファッションやヘアスタイル、メイクを変えてまで、彼氏やパートナーがほしいとは思わない」と心の奥底で思っている可能性があります。

そういう本音があって、それに気づかないように自分でフタをしている場合、あなたは自分の手で変わるチャンスを潰してしまっているようなものでしょう。

自分を変えることに対して拒否反応があるなら、まずは「どうして、そう思うの？」と自分自身に訊ねて、本当の自分の声に耳を澄ませましょう。

本音に気づき、「じゃあ、どうしたいの？」ともう一度、自分に聞いてみた結果、「やっぱりツインレイに出会いたい」ということであれば、もう前回のようにかたくなに拒否する気持ちはなくなっているでしょう。

さらに、そこでゼロ化のワークをして心をニュートラルな状態に戻したら、「やってみてもいいかな」という新しい行動について前向きに取り組む気持ちが芽生えるはず。

そうなった瞬間にあなたを取り巻くエネルギーはガラリと変わります。

かたくなだったメンタルブロックが外れ、ありのままになったあなたのリクエストを、きっと宇宙は聞き入れてくれるでしょう。

ゼロ化は、本当の自分に戻るためのエクササイズ

もっと自分の心の声に敏感になろう

ありのままの自分になって、本当の自分の心の声を聞く――たったこれだけのシンプルなことですが、聞き取れるようになるまでには少し時間がかかるかもしれません。

なぜなら、私たちはいつも一般的な常識とされていることや、まわりの人たちの思惑やルールにしたがって生活することに、あまりにも慣れてしまっているからです。

「こんなことをいって、嫌われたらどうしよう」

「反対したら、その場の空気が悪くならないかしら？」

「世間的にはこっちの意見のほうが正論だろうな」

などと考え、自分の言動を決める習慣がいつのまにか身についてしまっている人は意外と多いもの。


もちろん、そのおかげでトラブルを起こさずにすむこともあるかもしれません。

でも、そうやって「まわりの人がどう思うか？」「世間のルールはどうか？」を自分の言動の基準にしていると、いつのまにか自分の本音が埋もれてしまっていることがあります。

「本当の私は、どうしたいの？」と自分に問いかけても、「本当の自分がどうしたいのかがわからない……」と途方に暮れてしまうことにもなりかねません。


でも、**いちばん大事なのは、まわりがどう思うかではなく、自分がどう思うの**

か。そして、自分が思っていることを、自分自身で知ることなのです。

そのためには、今よりもっと自分の心の声を聞きとる必要があります。

今の自分の心の声を聞きとるためのレッスンとして、たとえば次の質問の答えを考えてみてください。

Q　あなたは、このまま結婚しない人生をどう受け入れますか？

この質問に対し、「結婚しない人生だなんて、勝手に決めつけないで！」「この先ずっとひとりってことはないはず」「絶対に誰かと結婚しなきゃ」など、人によっていろいろ意見があるでしょう。

でも、それはあなたの心の声ではなく、あなたが頭で考えたことです。

Chapter2でも触れましたが、**私たちの「思い」には、頭で考えることと心で**

感じることの両方が存在し、宇宙のエネルギーの法則では、心で思っていることがほぼ現実になります。だからこそ、自分の心の動きに敏感になることが大切なのです。

さて、もう一度同じ質問をします。あなたは、このまま結婚しない人生をどう受け入れますか？――この質問を自分自身に投げかけ、心の動きを観察するようにしてください。

すると、「心がギュッと小さく委縮した感じがして苦しくなった」「呆然としてむなしい気持ちになった」「全身が冷たくなって寒気がした」「意外とひとりでも平気な気がした」など、これも人によっていろいろだと思います。

次に、その気持ちがどこから生まれるものなのかを探りましょう。

たとえば、「心がギュッと小さく委縮した感じがして苦しくなった」という人は、「もうひとりで生きていくのはイヤだから」なのか、「誰かひとりの人に大切にされたいから」なのか、「愛する存在がほしいから」なのか……。この時に感じた気持ちが、今の自分の心の動きそのもの。今の自分の心の声ということになります。

まずは、**今自分がどう感じたのかをしっかり受け止める。そして、「どうしてそう感じたのか？」と自分自身に問うてみる。**これが、今の自分の心の声を聞くヒントです。

今の自分の心の声を聞きとれるようになると、自分でもどうしようもない感情やこだわりがあることに気づくはず。その部分がブロックになって、ありのままのあなたに戻りにくい状況になっているのです。

先ほどの例で考えると、今の自分が結婚にブレーキをかけている何らかのブロックを見つけてゼロ化する必要があります。

それができるようになると、この先人生で起こるいろいろなドラマの受け止め方もハッピーな方向に変わっていくでしょう。

ゼロ化のワークは、それをすることによって今のあなたの心の声に潜むブロックを取り去り、ありのままのあなたが望むことを引き寄せやすくしていきます。

願ったとおりの恋愛を引き寄せるゼロ化のワーク

あなたが思う最高のパートナーと、そのパートナーと一緒にいるあなたの最高の状態（どんなお洋服を着て、どんな髪型で、立ちふるまいをしているかなど）を細かくイメージし、「この方は私であり、私はこの方である」と心から感じてみます。

そして、その方と手とつないで、優しくハグして最高に楽しく幸せな時間を過ごしていることをイメージしましょう。

（結婚や将来のことで不安になったら、そのつどゼロ化して、今いる時間を大切にできる自分になれるようにワークをしてみてください）

Chapter 4

見えないエネルギーの力を使って、
「永遠の愛」を手に入れる方法

ゼロ化を習慣にしてあなたの祝福エネルギーで世界を変えよう！

いいエネルギーをキープするためにはケアが必要

誰かから延々と続く愚痴を聞かされた時、ギュウギュウの満員電車に乗った時、グッタリと気が重くなった経験はありませんか？　それは、あなたのエネルギーが乱れてしまったために起こる現象です。

せっかくあなたがハッピーな気持ちになって、いいエネルギーが満ちている状態でも、マイナスの感情でいっぱいの環境に身を置いていると、知らないうちにあなたもマイナスの空気に染まってしまいます。

まわりの人が持っているマイナスのエネルギーを消すことはできませんが、それはあなたが一緒に背負うべきものでもありません。

「それは私には関係がないことだわ」とちょっとクールに、目の前で起こっている事実とは切り離して考えることが、あなたのエネルギーを乱さないコツです。

そんなふうに、私たちのエネルギーはちょっとしたきっかけで、すぐに乱れてしまうという特徴があります。

エアコンのフィルターに汚れがたまったら掃除やメンテナンスをするように、私たちのエネルギーが乱れた時にもケアする必要があります。

もしも、「最近、なんだかうまくいかないな……」とため息をつくことがあったら、それはメンタルの弱さやなんらかのスキルが不足しているせいではなく、エネルギーのケアができていないことが原因かもしれません。

エネルギーはいつも流れているものであって、滞らせていると「本来はうまくいくことであっても、なかなか思いどおりに進まない」という状態を引き起こします。

エネルギーの流れを滞らせないためにも、定期的なケアとしてゼロ化のワークを習慣にしましょう。

人と会う前にゼロ化のワークをするだけで「運命の出会い」に変わる

エネルギーをニュートラルなままキープするためのゼロ化のワークは、基本的には一日に何度でも、好きな時におこなっていいものです。

ほんの少しのことで私たちのエネルギーは乱れてしまいがちですが、そんな時もゼロ化のワークをすることで元のいい状態に戻すことができます。

ただし、習慣として身につくまでは、次にご紹介するタイミングを参考に、ゼロ化のワークをしてみるのもおすすめです。

【ゼロ化のワークの基本は一日3回】

AM07:00　朝、目が覚めて、カーテンを開けて太陽の光を浴びたら、まず1回目のワーク。気持ちよく、いいエネルギーで一日をスタートさせましょう。

PM12:00　午前中に消耗したエネルギーをここで一度リセットするためにワークをします。ランチタイムには、お腹も心もいいエネルギーで満たしてあげて、ご機嫌な状態で午後を迎えましょう。

PM10:00　一日の疲れを癒すバスタイムの前後にワークをします。シャワーですませるより、38〜40度の湯船にゆっくり浸かってリラックスするのがおすすめ。明日へのエネルギーをチャージします。

このように、基本的には一日3回のゼロ化のワークをすることをおすすめしますが、次のような場合にも効果的です。

- イラッときたり、カチンときたりした時
- イヤなことがあった時
- ネガティブなことを考えた時
- プレゼンの前など集中力が必要な時
- 企画書を作成する前など思考力が必要な時

ポイントは**「エネルギーが乱れそうになったタイミング」**です。このタイミングを目安にゼロ化のワークをするといいでしょう。

もちろん、異性と会う前にもゼロ化のワークはおすすめです。

いいエネルギーをニュートラルな状態にしたあとで会うと、相手のいいところがすっとあなたの心に飛び込んでくるはず。

エネルギーの不足した状態で会っても決して気づくことのできなかった相手の魅力を、見抜くパワーが宿っているからです。

初対面の人やはじめて参加する場所へもゼロ化のワークをしてから臨むことで、「ふつうの出会い」がキラキラ輝く「運命の出会い」に変わる可能性は大きいのです。

ひとりでいてもパートナーといても最強の自分軸を生きる

「ひとりで生きられる」と思えた人にツインレイは現れる

「結婚したらいろいろ安定して幸せになれる！」という思い込みが、ツインレイを現れにくくしていることがあります。

ある時すっと彼氏ができる人の多くは、相手への執着がなくなったタイミングでそうなります。

つまり、**「ひとりでいても、なんか幸せだな」と感じられるようになった時に、自然にツインレイが現れるようなエネルギーになっています。**

結婚して幸せになったように見える人もいますが、それは結婚したから急に幸せになったわけではありません。

目の前の毎日に幸せを感じていない人が結婚をしたからといって突然幸せになることは、エネルギー的にもあり得ないことです。

結婚して幸せになったように見える人は、結婚してからもパートナー同士がお互いに幸せを見出すような毎日を過ごそうという姿勢でいるから。

ひとりで生きられないから相手に頼って結婚するのではなく、自分ひとりでも生きていく自信がついたから「誰かと結婚しても、きっと私は大丈夫」と思えるようになります。

つまり、**結婚して幸せな人は、結婚していなくても幸せ**ということです。

心をニュートラルな状態に戻す魔法の言葉

「ひとりでも楽しく生きていく私」でいることは、最強の自分軸で生きるということ。

でも、ときどき経済的にも精神的にも自立しすぎて、エネルギーのバランスが偏ってしまっている人もいます。

もちろん、自分の軸を持って生きていくのは素晴らしいことですが、それを楽しめないところまで自分で自分を追い込んでしまうのはナンセンス。

外にいる時は「おひとりさま、最高！」と謳歌《おうか》しているようにふるまっていても、帰宅してひとりになった時「でも私、これでいいのかな……」とさびしい気持ちになるようなら、まずはさびしいと感じる自分を「そうだね、さびしいよね」と認めてあげてください。

そして、心が楽になるように気持ちを緩めるよう、ゼロ化のワークでエネルギーのバランスを整えましょう。

偏ってしまったエネルギーはゼロ化のワークによって、一度ニュートラルな状態に戻します。外にある幸せを引っ張ってくることをやめ、自分のなかから満たされるような状態で、外に幸せを放っていくエネルギーに変えていくことを目指します。

すると、必要以上に強がることもなく「ひとりでも楽しく生きていく私」でいられるようになります。

ちなみに、自分自身を追い込みすぎて苦しくなってしまった時、心を落ち着けさせるパワーを持つ言葉があるのを知っていますか？

気持ちを立て直すのに覚えておくと役に立つのが「〜でもいい」「〜っていい」

という言葉です。

自分の心の動きを探り、その動きに合わせて「さびしく感じたっていい」「弱い自分がいてもいい」「少しくらいうまくできなくたっていい」というように、「〜でもいい」「〜っていい」という自分を認めてあげる言葉を実際に口に出してみてください。

自分を認めてあげる言葉を自分に聞かせることで、いつもより丁寧に扱ってもらえたことにあなたの心は喜ぶはず。

心が喜ぶことは、何よりもいいエネルギーを高める秘訣。いいエネルギーが整ってさえいれば、あとは自然と何もかもがうまくいくようにできているのです。

Chapter 5

男性から愛される人のエネルギーと愛されない人のエネルギーの違い

選ばれる女になるための「美人の25か条」

これまでは、宇宙のエネルギーを味方につけて運命のツインレイと出会うための考え方や行動のポイントをお伝えしてきました。これでもう、ツインレイと出会うための心の準備は整ったのではないでしょうか。

ここからは、ツインレイと出会ったあと、相手にもあなたこそが運命の人であることを確信してもらうため、**〝選ばれる人〟になる最終ステップ**として「美人の25か条」をご紹介します。

これまでずっと「自分が相手を選んでいた」という人も、これからは運命の相手に選ばれる自分になって、より満足度の高い幸せを手に入れましょう。

Chapter 5

男性から愛される人のエネルギーと愛されない人のエネルギーの違い

美人の25か条

1. 愛想がよく「笑顔が素敵だね」といわれる
2. 「ありがとう」という気持ちをいつも持っている
3. 「おいしい！」という感情表現ができる
4. 目が輝いている
5. 生気に満ちあふれている
6. いつもニコニコしている
7. 自信を持っている
8. 希望や信念を持っている
9. 客観的に自分をとらえることができる
10. 相手に伝わるように話すことができる
11. まわりの意見に耳を傾けることができる
12. 物事を多角的にとらえることができる
13. ほめ上手である
14. 自分の行動に責任を持つことができる
15. 主体性を持つ
16. 自分の可能性を理解している
17. 他人に思いやりが持てる
18. 信頼する心を持っている
19. 謙虚である
20. 人のアドバイスや忠告は素直に受け入れる
21. 楽天的である
22. ヒロイン体質である
23. 問題意識を持てる
24. 存在自体が周囲を明るくする
25. 人生においても仕事においても意欲的

ここにご紹介した「美人の25か条」は私が考えたものですが、ベースになっているのは、ある時期宝塚歌劇団に貼りだされて話題になったという伝説もある「ブスの25か条」です。25の戒めが書かれた一枚の貼り紙は、「こういう女性はブスになりますよ」という示唆《しさ》に富んだものだったといいます。

「清く、正しく、美しく」を目標とする宝塚歌劇団のスターたちでさえ、〝選ばれる人〟になるための努力は怠ることがなかったのかもしれませんね。

「ブスの25か条」に書かれているようなNGな言動は、まわりからは指摘してもらえないだけでなく、自分でもなかなか気づきにくいことばかり。読んでいると「これって、私のことかも……」とハッとさせられる項目もあるかもしれません。

だからこそ、これをベースに考えた「美人の25か条」は、魅力的な女性になるためのヒントの宝庫ともいえるもの。**NGな言動を改めるだけで、〝ブス〟とは対極にいる〝美人〟になれる**からです。

ブスの25か条

1. 笑顔がない
2. お礼をいわない
3. おいしいといわない
4. 目が輝いていない
5. 生気がない
6. いつも口が「へ」の字の形をしている
7. 自信がない
8. 希望や信念がない
9. 自分がブスであることを知らない
10. 声が小さくいじけている
11. 自分がもっとも正しいと信じ込んでいる
12. 愚痴をこぼす
13. 他人を恨む
14. 責任転嫁がうまい
15. いつも周囲が悪いと思っている
16. 他人に嫉妬する
17. 他人に尽くさない
18. 他人を信じない
19. 謙虚さがなく傲慢である
20. 人のアドバイスや忠告を受け入れない
21. なんでもないことに傷つく
22. 悲観的に物事を考える
23. 問題意識を持てない
24. 存在自体が周囲を暗くする
25. 人生においても仕事においても意欲がない

ここでは、「美人のルール」「NGな言動」とその解説のほかに、なりたい自分になるための簡単なワークをそれぞれの項目ごとにご紹介しています。

どこからはじめてもOKですので、まずは今日からひとつ試してみてください。今行動することで、明日のあなたは必ず変わります。

美人のルール1 ―― 愛想がよく「笑顔が素敵だね」といわれる

NGな言動 ―― 笑顔がない

あなたは楽しい時やうれしいと感じた時に、ちゃんと笑っていますか？　笑顔のない人に、光は宿りません。光っていなければ、引き寄せられてくる人もいないのです。

いつも笑顔でいる人は、それだけで自分だけでなくまわりの人もハッピーな気分にしているもの。笑顔でいる時、その人はいいエネルギーを放っているので、まわりの人たちのエネルギーも高まるのです。

幸せは、笑顔をめがけて向こうからやってきます。いつでも笑顔を忘れずにいることで、気分よくエネルギーを高くキープしましょう。

笑顔のワーク

笑顔をつくるには、顔の筋肉を強化することが大切で、これにはトレーニングが必要です。

思いっきり笑って、脱力……。思いっきり笑って、脱力……。これを20回繰り返してみましょう。

Laugh Laugh!!
Relax...
Repeat
20 times!

美人のルール2 ――「ありがとう」という気持ちをいつも持っている

NGな言動 ―― お礼をいわない

「引き寄せの法則」という言葉を聞いたことがある方もいらっしゃると思います。

「引き寄せの法則」は足りないものを引き寄せるのではなく自分が磁石となり、同じ波動のいろいろな出来事を引き寄せるものです。

日常で「ありがとう」という言葉、つまり感謝が足りないと、あなたがつくる現実も感謝のないものになってしまいます。

「ありがとう」「ありがとう」と言っているだけで、あなたの人生は、「ありがとう」があふれるハッピーライフになりますので、小さなことにでも感謝できる習慣を身につけるといいですね。

感謝のワークPart1

寝る前に今日あった素晴らしいことを最低5つは見つけて、それに感謝し、ニヤニヤして眠ります。

眠る前のそのひと手間で感謝のエネルギーが潜在意識に届きます。ニヤニヤが重要です。あなたの毎日は感謝でいっぱいになりますよ。

（これは、「美人のルール23」のワークとしても活用できます）

美人のルール3 ――「おいしい！」という感情表現ができる

NGな言動 ――「おいしい」といわない

気持ちを素直に表現できる人は輝いて見えるもの。とくに「おいしい」というポジティブなワードは、一緒にいる人の気持ちまで明るく照らすエネルギーの強い言葉です。

「日本人はシャイだから感情表現が苦手」とされていますが、リアクションが小さいと不機嫌に見えてしまうというデメリットもあります。

一緒に食事をしている時、何もいわず黙々と食べている女性と、「うわぁ、おいしい！」とうれしそうに食べている女性のどちらが魅力的に見えるかは、一目瞭然ですよね？

お料理を具体的にほめるのは難しくても、**たったひと言「おいしい！」というリアクションがあるだけであなたも相手も一瞬でエネルギーが上がって笑顔になれる、ハッピーな習慣**です。

感情表現のワーク

自分がどう感じているのかを確認するところからやってみましょう。

今、自分は、喜びを感じているのか、幸せを感じているのか、おいしさを感じているのかなど。

それを普段の5倍の感情で表現できるようにしましょう。

まずは食事の時にトライしてみてください。あなたの「おいしい！」がみんなの幸せをつくるきっかけになるかもしれません。

美人のルール4 ―― 目が輝いている
NGな言動 ―― 目が輝いていない

鏡をのぞいた時、自分の目に輝きが失われているのを感じたら、それは毎日が楽しくないサインです。

心のどこかで「気が乗らないな」と思っているのに、「断ったら、その場の空気が悪くなるから」「嫌われるかもしれないから」などと考え、やっていることやいっていることがありませんか？

気が進まないのにやっていたり、思っていることとは違うことをいっていたりすることが重なると、心はどんよりと曇り、目からは輝きが失われます。

あなたの目を輝かせるのは、ワクワクすることや心から「楽しい」と思えることです。あなたのワクワクすることや心から「楽しい」と思えることは、どんなことですか？　それをイメージできたら、行動に移してみましょう。

それが目に輝きを取り戻す秘訣です。

目に輝きを取り戻すワーク

何か選択をするたびに、〝必ずワクワクするほう〟〝自分が幸せを感じるほう〟を選ぶ、ということをやってみましょう。

これはいろいろな場面でおこなうワークです。歩いて帰るのが幸せなのか、電車で帰るのが幸せなのか、ランチは何を食べたら幸せなのか、誰と会ったら幸せなのか。無意識にスルーせず、いちいち選択するクセをつけましょう。

美人のルール5 ――生気に満ちあふれている

NGな言動 ――生気がない

自分ではいつもと同じつもりでいても、「疲れている？」「元気がないけれど、大丈夫？」などとまわりから心配されてしまうこと、ありませんか？

本人にそのつもりはなくても、やる気がなさそうに見えてしまうのも、「一緒にいても、なんだか楽しくなさそうだな……」と敬遠されてしまう分、損をしているといえるでしょう。

そんなエネルギー不足を解消するためのヒントのひとつに、**あなたの心のリク**

エストを聞く方法があります。

「ほしいもの」「やりたいこと」「なりたい状態」「行きたい場所」をそれぞれ考えて、リストアップしてください。

「お散歩用のスニーカーがほしい」「海の見えるお部屋に引越したい」「あと3キロ痩せて白いワンピースを着たい」「ハワイでサーフィンを習いたい」など、想像しているだけでワクワクしてくると思いませんか?

ワクワクする気持ちは、いつだっていいエネルギーを高めてくれるのです。

モチベーションアップのワーク

ゴールを決めることが大切です。

まずは、これだけできたら死んでもいい！　生まれてきた甲斐があった！　と思えるくらい自分にとっての最高の幸せをイメージします。

どんな人とどんなところに住んで、どんな感じの暮らしをしているか。自分の心の真ん中から引っ張り出してきて、そのイメージを存分に感じます。

書き出してみるのもいいですね！　そうすることですでにそうなっているかのような気持ちになり、今やるべきことに対してもモチベーションがアップします。

美人のルール6 ―― いつもニコニコしている
NGな言動 ―― いつも口が「へ」の字の形をしている

仕事の不満や人間関係上のトラブルなどでいつも不満を抱えていると、知らず知らずのうちに口が「へ」の字になっていることがあります。

致命的なのは、本人がこれに気づいていないこと。

あなた自身、いつもニコニコ笑っている人の近くと、いつも不機嫌そうで口が「へ」の字の形をした人とどちらの側にいたいですか？

あなたがなりたい自分を見失わないことで、あなたはいつでもハッピーオーラをまとえます。不満が湧いてきたときは、その感情をしっかり受け入れてあげて、「で、あなたはどっちを選ぶの？」と自分に問いかけてみてください。

あなたの思考が変われば、エネルギーが変わり、まわりのすべても変わっていきます。

気持ちを切り替えるワーク

イヤなことがあって気持ちを切り替えたいときは、怒りでも悲しみでもその感情から逃げないで、しっかり感じましょう。

その出来事には必ずいい側面があります。そのポジティブな面を見つけられたら、「感謝と礼」でゼロ化しましょう（「感謝と礼」の詳細については、１６６ページを参照してください）。

美人のルール7 ——自信を持っている

NGな言動 ——自信がない

「私なんて……」「どうせ私なんか……」と思うクセがあると、幸せから遠ざかってしまうことがあります。

私の知り合いの女性にも、「私なんて……」「どうせ私なんか……」が口グセで、自分に自信が持てないことで悩んでいる人がいます。一見、魅力的なのに何年もずっとツインレイが現れず、それがますます彼女の自信を失うことに拍車をかけているようです。

そんな彼女に伝えたことは、「まずは自分で自分の応援をしてあげよう」ということでした。自分に対して自分自身がいちばんの味方になってあげられないのに、ほかに誰が応援してくれるのだろう、と思ったからです。

「大丈夫。あなたはもっと幸せになっていいんだよ」と自分自身に言い聞かせてあげましょう。自分のことを自分で大切にできるようになると、エネルギーは上向きになっていきます。

自分のことを好きになるワーク

毎朝、鏡に向かって、「愛してるよ」と30回言ってみましょう。

一週間もすると現実に変化が現れます。

その小さなサインを見逃さないようにしてくださいね。そのサインがあなたを大きく変える大切なドットになります。

一ヶ月先3ヶ月先の変化を楽しんでください。半年もすると、あなたは今とは違った別のフィールドにいるはずです。

I LOVE YOU…

美人のルール8 ―― 希望や信念を持っている

NGな言動 ―― 希望や信念がない

希望や信念がないと、足元がふわふわしてしまいます。

足元がふわふわするということは、エネルギーの循環もよくありませんし、エネルギーが不足しているので、自分の内側から明るく輝くことができません。

希望や信念の見つけ方のヒントは、「それをするとワクワクすること」「そのことを考えるとうれしくなること」です。あなたが無条件にワクワクしたり、うれしくなったりするのは、その希望や信念があなただけのものだから。

誰かの反対にあっても、自分が本当にしたいことをしましょう。

それが自分を大切にする方法であり、エネルギーが満タンになるコツでもあります。

希望や信念を見つけるワーク

一日1個やりたいことを必ずやる。また、一日1個はやりたくないことはやらない。

これを言い訳しないで実践してみましょう。あなたの心に一本のラインができるはずです。

美人のルール9 ―― 客観的に自分をとらえることができる

NGな言動 ―― 自分がブスであることを知らない

「自分がブスであることを知らない」と聞くと、ギクッとするかもしれませんが、これは、見た目のことだけをいっているのではありません。

しかし、「今のあなたは、どうですか？」と問われた時に、胸を張って「私、ブスじゃありません！」と自信を持っていえる人がどれだけいるでしょうか？

「ブス」という言葉にはとてもインパクトがありますが、広い意味で女性性を考えた場合、とても参考になるキーワードではあると思います。

本当はみんなそれぞれ素敵な女性なはず。けれども、私なんてと自信をなくしてしまったり、すべてまわりのせいにしてネガティブオーラを撒き散らしてしまったら、本来のあなたの輝きは放たれません。

素敵な大人の女性として、つねに自分を客観的に見ることができるスキルは、あなたにとってさらに大きな力になるはずです。

自分の強みを知るワーク

自分の目線ではなく、相手の目線から自分を見てみましょう。自分では気づかなかった良い点悪い点が見えてきます。

客観的に自分を見られることで、さらに自分を高めることにもつながります。

このワークは、その「レベル1」です。

この世はあなたの思考でできています。ドラマの中にいる女優さんではなく、良い脚本家・演出家の目線を意識し、人生を思いのままにクリエイトできるようになりましょう。

美人のルール10 ―― 相手に伝わるように話すことができる

NGな言動 ―― 声が小さくいじけている

「自分の意見を相手に伝える」とか、「自分の思っていることをきちんと表現する」などということは、一見、シンプルなことに見えて、じつはなかなか難しいこと。

相手のリアクションやまわりの人たちがどう思うかを考えて、「いわない選択」

をしてしまった経験がある人もいるのではないでしょうか。

だからこそ、**相手に伝わるように話すことができるようになると、「素敵な大人の女性だな」と思われるのも事実。**相手やまわりがどう思うかよりも、自分の心に正直でいることを選んで行動している人ならではの、内側からの輝きを放っているからです。

思いを相手に伝えるワーク

逆を想像してみましょう。どんな声でどんなふうに伝えられたら、あなたはそのことに共感し、感動するでしょうか？

それをしっかりイメージして、実際に自分がそれをできるように練習してみましょう。

美人のルール11 ―― まわりの意見に耳を傾けることができる

NGな言動 ―― 自分がもっとも正しいと信じ込んでいる

自分を信じることは、とても素晴らしいことです。

ですが、**自分の考えは間違っているかもしれないというスキルを身につけると、今の何十倍も幸せを感じる瞬間が増える**のです。

自分と同じように仕事をしてきた同僚の意見を、自分とは考え方が違うからと歩み寄らないのはもったいない。同僚の意見は可能性を倍増させる宝物。

自分のことも大切にするのと同じくらい他人を認め敬《うやま》うことで感謝が生まれ、現実に奇跡があふれます。これが「宇宙の法則」です。

まわりのいろいろな意見に耳を傾けることができる柔軟な姿勢のあなたは、知らない誰かの目に、しなやかな美しい女性だと印象づけられるでしょう。

考え方の幅を広げるワーク

あなたがすごいなと一目置いている人、分野別で構いませんので、その方に出てきてもらって、この人だったらどんなふうに解決するかな？　どんなふうに考えるかな？　とイメージしてみます。

そうすると、自分の中からは出てこないような発想が出てくるかもしれません。

このワークは、やればやるほど面白い発見があると思います。

美人のルール12 ―― 物事を多角的にとらえることができる

NGな言動 ―― 愚痴をこぼす

「聞いて、聞いて！」と、思わず愚痴をこぼしたくなる出来事は、誰にでも起こるもの。たまにならそんな愚痴も可愛いものですが、会えばいつでも愚痴をいっている人を「素敵だな」とは思えませんよね。

とはいえ、**愚痴をいいたいのに無理していわないように抑え込む必要はありません。**ただ、その愚痴の内容にどっぷりと浸かってしまうのではなく、「ああ、私は今、愚痴をこぼしたい気持ちなんだな」と客観的な視点で自分のことを眺めるだけで、気分が変わってくるはず。

そして、もしも「最近の私、愚痴っぽいな」と自分で感じることができたら、まずはその愚痴がどこからくるものなのかを考えてみてください。

たとえば、「誰かと比べて自分は何かを持っていない」「誰かと比べて何かができない」というように、「誰かと比べること」が愚痴の原因になっているなら、心が偏っている可能性があります。

そんな時は、ゼロ化のワークでニュートラルな状態まで整えてあげましょう。

すると、「あの人にはこれがあって、私にはこれがない」のではなく、「あの人にはこれがあって、私にはこれがある」というように、持っているものやできることなどをフラットに受け止められるようになるので、心が軽くなるはずです。

自分を客観的に眺めるワーク

自分が今まで成し遂げてきた成功体験をイメージしてみます。

客観的に見てもよく頑張った。すごいことをやり遂げたという自信は自分を中心軸に戻してくれます。

美人のルール13 ―― ほめ上手である

NGな言動 ―― 他人を恨む

私たちの「自動設定」の中には、〝誰かのせいにすると楽になる〟と錯覚するカテゴリーがあるようです。

しかし、本当の私たちは、すべて自分に責任があるということを知っているので、そこのズレに違和感を覚えると幸せのフィールドからは離れてしまいます。

誰かを恨んでいるあいだは幸せではありません。

生きていたら誰かを恨みたくなる時もあるでしょう。

でも、そこで数回深呼吸し、頭で考えるのをやめて、そのことをハートでしっかり感じてみてください。

そうすると別のストーリーに気づき、新しい感情が出てくるはずです。

誰かを恨むのではなく、悲しかったのならそれをしっかり受け止め、腹が立ったのならそれもしっかり感じたうえであなたは何を選択するのか？

まわりに影響されないその冷静さこそ、幸せをまとう美人のスキルだと思います。

意識を「今ここ」に向けるワーク

今あなたのまわりにあるもので感謝できるものを見つけるゲームを習慣にしてみましょう。

最低10個見つけることで、あなたのまわりは感謝でいっぱいになります。

同じように、他人に対しても良いところを10個見つけてみましょう。

美人のルール14 ―― 自分の行動に責任を持つことができる

NGな言動 ―― 責任転嫁がうまい

あなたの人生は、あなたが引き寄せ、あなた自身がつくっています。ほかの誰かによってつくられたものではありません。

ということは、自分の人生は自分の手でどうにかできる、ということ。**うまくいかないことを誰かのせいにするのではなく、自分が引き受けて現実を変えていけばうまくいくようになる**のです。

「あの人のせいで、うまくいかなかった」「あのことがあったせいで、こんなことになった」ということも、「あの人」や「あのこと」は、自分をもっと成長させるために必要な存在だったと自分ごととしてとらえることができれば、あなたはいつからでも変わることができるようになります。

人のせいにするのをやめ主体性を持つワーク

自分に起こることは100％自分に責任があると思って腕相撲をするのと、私には責任はないと思って腕相撲をするのとでは、どちらが強いと思いますか？

正解は100％自分に責任があるという意識です。身体はそのことを知っているからです。

Chapter 5

男性から愛される人のエネルギーと愛されない人のエネルギーの違い

これを頭でも認識することで、エネルギーはまわりやすくなり、さらにパワフルになります。

人のせいにしたくなったら、自分に起こっていることは１００％自分に原因があると、そのたびに思い出してください。

（これは、「美人のルール15」のワークとしても活用できます）

美人のルール15 ―― 主体性を持つ

NGな言動 ―― いつも周囲が悪いと思っている

いつも何かをうまくいかない言い訳にしていると、宇宙のエネルギーを上手に活用することはできません。

なぜなら、誰かに「～させられている」、まわりに「～されている」というような考え方は〝受け身〟だからです。人生を受け身で生きているうちは、エネルギーの主導権を握ることはできません。

あなたの言動の主語は、いつだってあなた自身でいること。

「私が〜する」「私は〜と思う」というように、自分が主体的な意識を持つことによってエネルギーは高まり、思いどおりに物事が進んでいくようになるでしょう。

美人のルール16 ―― 自分の可能性を理解している

NGな言動 ―― 他人に嫉妬する

誰かのキラキラしたSNSを見た時や、友だちの仕事がうまくいった話を聞いた時、後輩の結婚が決まった時など、「素敵だな」「よかったね」といった感情のほかに、嫉妬で苦しい思いを感じることはありませんか？

おそらくそれは、あなた自身が「そうなりたい」と思っているから。あなたが自分で夢を叶えたり、思いどおりに生きたりしたいから、それができている相手に嫉妬するのでしょう。

でも、あなたがそうなれていないからといって、落ち込む必要はありません。なぜなら、あなたのまわりで起きている現実は、あなたが引き寄せたもの。誰かの夢が叶ったり、誰かが思いどおりに生きたりしているのはシンクロニシティで、もうすぐあなたにも幸せな出来事が起こる、宇宙からのサインでもあるからです。

だから、**誰かの幸せに嫉妬はしなくても大丈夫。むしろ「素敵だな」「よかったね」とニコニコしつつ、「次は私の番ね」とワクワクしながら流れに身をまかせていればいい**のです。

他人への嫉妬心が消えるワーク

あなたのまわりでハッピーなことが起こったとしても、他人に嫉妬してしまった時点で、そのハッピーの連鎖は切れてしまいます。

他人のハッピーはあなたの鏡。次はあなたの番ですよというサインなので、嫉妬ではなく一緒に喜んであげて、その人から自分へのバトンをもらいましょう。

美人のルール17 ――他人に思いやりが持てる

NGな言動 ――他人に尽くさない

「誰かの役に立ちたい」「誰かが喜ぶことをしたい」と思うなら、まずは自分を満たすこと。

自分が満たされていないのに、誰かのために何かをしようとしても、エネルギーが足りないためにすぐに苦しくなってしまうでしょう。

そもそも誰かの役に立つかどうか、誰かが喜ぶかどうかは、あなたがコントロールできることではありません。コントロールできるのは、その人だけだからです。

まずは自分自身がワクワクしたり、楽しいことをしたりして幸せになること。そうやってあなたにいいエネルギーが満ちて、幸せがあふれ出した時にはじめて、まわりの人たちにもあなたの幸せが伝わって、ハッピーな気持ちになるものなのです。

誰かの幸せを見つけることはできなくても、自分の幸せは見つけられるはず。あなたは自分のために幸せに生きる道を選んでいいのです。

自分を満たすためのワーク

無理をしてでも、ゆとりのある時間をつくりましょう。何からも離れ、何も考

Chapter 5

男性から愛される人のエネルギーと
愛されない人のエネルギーの違い

えずニュートラルでいられる時間です。

ちょっと高級な紅茶をお気に入りのカップで飲んだり、その時のために大好きなブランドのチョコレートを用意したり。何にも属さない時間は私たちとってとても重要な時間です。

しっかり自分を満たしてあげて、ハッピーを充電しましょう。

美人のルール18 ―― 信頼する心を持っている

NGな言動 ―― 他人を信じない

今の自分に満足して幸せに暮らしている人たちの共通点は、信頼する心を持っていることです。

「自分にいちばんいいことが起きる」と信頼していること、「なるようになる」

と信頼して流れに身をゆだねていること、夢に向かって進み続ければきっと宇宙が助けてくれると信頼していること……。

そんなふうに、１００％頼りきっているわけではないけれど、自分のことやまわりのことを素直に信頼する気持ちを持っておくのは大切です。

自分のことを信頼できないのは、自分の可能性を自分でブロックしてしまっているから。宇宙のエネルギーをいつでも受け取れる状態でいるためにも、まずは「今のままの私で大丈夫」と声に出して、自分を信頼することを約束してください。

自分を信頼するワーク

これもそのたびごとにおこなうワークです。

たとえば、朝、起きて顔を洗い、歯を磨いて、「よし！　できた！」。

自販機でジュースを買って、「よし！　できた！」。

会社に出社して、「よし！　できた！」。

とそのたびごとに自分はできているということを認識します。みなさん本当はいろいろできているんですよ。

できないことにフォーカスしないで、この「よし！　できた！」を貯金のように貯めていきましょう。

美人のルール19 ―― 謙虚である

NGな言動 ―― 謙虚さがなく傲慢である

この章の冒頭でもお話ししたように、この「美人の25か条」の考え方のベースになっているのは、宝塚歌劇団員に伝わっていたといわれている「ブスの25か条」と呼ばれるものです。

その前提で、なぜ「謙虚さがなく傲慢である」が〝ブス〟なのかを私なりに想像してみました。

たとえば、客入りが悪く、ステージが盛り上がらないまま終わったというシチュエーションで、「今日はお客様が少なくて、モチベーションが下がったままだったわ」「今日のお客様は、ノリがいまいちだったよね」などと、観に来てくれているお客様のせいにする傲慢な演者はいるはずがないでしょう。

むしろ、

「少ないながらも、観に来てくださるお客様がいるのはありがたいことだわ」

「明日はもっとお客様が盛り上がれるよう、私たちも頑張ろう」

というように考えるのではないでしょうか。

すべての基本は、感謝することです。謙虚な気持ちを忘れず、すべてのことに感謝して幸せな気持ちになれば、願ったことはなんでも引き寄せることができます。

すべては良きことと信じ、何が起こってもまずは大きく深呼吸しながら「ありがとう」といってみましょう。

感謝のワークPart2

自分がいかに多くのものに支えられているか。そのことに気づきましょう。

もしも電車がなかったら？　もしも会社がなかったら？　もしも食べ物をつくってくれる人がいなかったら？　これがなかった困る！　というものをあげてみてください。いかに自分が恵まれているかがわかるはずです。

すべてのことに感謝できるようになると、あなたを取り巻く現実はガラッと変わりますよ。

美人のルール20　――人のアドバイスや忠告は素直に受け入れる

NGな言動　――人のアドバイスや忠告を受け入れない

宇宙からのエネルギーを受け取りやすい人の特徴のひとつに「素直」ということがあります。

たとえば、あなたが軽い気持ちで職場の愚痴をこぼした相手から、「そんな会社、辞めたほうがいいと思うよ」「そこまでブラックなら訴えるべきじゃない？」など、いろいろなアドバイスをされたとします。

そんな時、あなたはどう思いますか？　「ただ話を聞いてほしかっただけなのに、なんだか押しつけがましいアドバイスだな……」などと思ったりしませんか？

もしも、相手からのアドバイスに反感を抱くようなら、あなたには素直さが欠けているかもしれません。

あなたの気持ちとは異なる意見やアドバイスをされたとしても、まずは「ありがとう」という感謝の心を持つようにしましょう。

今のあなたにとってどんなに的外れなアドバイスであっても、相手はあなたのことを大事に考えた結果、かけてくれた言葉だからです。

「私のためを思ってアドバイスしてくれてありがとう」――そう思うだけで、あなたのエネルギーは格段に高まります。

そのうえでおすすめしたいのは、そのアドバイスを丸ごと受け取るのではなく、「そういう考え方もあるんだな」「そういう方法もあったか」というように、一歩引いたスタンスでとらえるようにすることです。

たくさんの選択肢のなかからベストな方法を選ぶのは、いつでもあなただからです。誰かのアドバイスや忠告を素直に受け入れることは大事。でも、そのあとの決断は必ずあなた自身がするようにします。

これは、自分の軸で生きていくための秘訣でもあります。

素直な気持ちになるワーク

ゼロ化のワークをしてから、ハートかお腹で次のことを感じるようにしましょう。

あなたの心の真ん中はどんな気持ちですか？　頭で考えていることではなく、お腹・ハートが感じていることを受け取りましょう。

美人のルール21 ―― 楽天的である
NGな言動 ―― なんでもないことに傷つく

あなたにとってなんでもないことは、気にせずスルーしてOKです。気持ちがモヤモヤすることも選ばなくて大丈夫。モヤモヤする気持ちは「それ以上、そのことを考えなくていいよ」というサインでもあるのです。

スルーしたとしても、そのことから逃げたわけではなく、別の道から進むだけのこと。心配しなくても、ちゃんとうまくいくようになっています。

覚えておいてほしいのは、幸せと不幸せを分けているのは自分の思考だということです。**自分のことを幸せに感じる人はますます幸せになり、自分のことを不幸せだと思っている人はますます不幸になっていきます。**

だから、なんでもないことに自分から傷つきにいかないでください。

あなたのまわりがどんな状況になっても気にせず、ただ、あなたが幸せを感じていればいいのです。

ささいなことが気にならなくなるワーク

いろいろなタイプの方がいると思いますが、ちょっとしたことで悲しい気持ちになったりする場面があったら、その出来事の感情を感じきるといいですね。

すべての出来事には良い面も悪い面もありますから、その出来事の良い面を見ることをクセづけるようにしましょう。

そうすると、ポジティブな面に視線がいくようになるので幸運体質になります。

美人のルール22――ヒロイン体質である
NGな言動――悲観的に物事を考える

悲観的に物事を考えるクセのある人をフォローしようとすると、心優しい人ならどうしても「そんなことないよ」といってあげたくなるものです。

でも、会えばいつでも悲劇のヒロインを気どった人のそばにいると、「そんなことないよ」となぐさめるのにも疲れ、グッタリしてしまうのではないでしょうか。

悲観的に物事を考える人は、あなたのエネルギー泥棒です。そういうタイプの人からは、少し距離を置くという選択肢もありです。

そして、そんな悲劇のヒロインから学べることは、**物事はポジティブに考えたほうが自分の心が穏やかで明るい気持ちになるだけでなく、まわりもハッピーな**

気分でいられるということです。

思いどおりに物事を進めたい時は、起こる物事をすべてポジティブに受け止めることが大事。マイナスのエネルギーによって心がブレるのを、避けるようにしましょう。

物事を肯定的にとらえるワーク

無理じゃないか、ダメなんじゃないかという考えが浮かんだら、果たして本当にそうだろうか？　と立ち止まってください。

〝すべては良きこと〟。これは幸せな人生を送る人に共通するハッピーワードです。

恐れないで進む勇気を持ってみましょう。不安が横切ったら〝すべては良きこと〟を思い出してくださいね。

物語のヒロインは、つねに明るいほうへ目が向いています。

美人のルール23 ―― 問題意識を持てる
NGな言動 ―― 問題意識を持てない

細かすぎるよりおおらかなほうが、多くの人は魅力的に感じるもの。

とはいえ、おおらかを通り越して「おおざっぱ」になってしまうと、せっかくの魅力は途端に半減してしまいます。

大切なのは、バランス感覚。細かすぎず、おおざっぱすぎない〝ちょうどいい人〟が、「一緒にいて居心地がいいな」と思える人でしょう。

今の自分を「おおざっぱすぎるかな」と感じている人は、まずは今のあなたの状況に感謝してエネルギーをより高めましょう。

あなたが今、当たり前と思っていることは、明日からも同じように続くとは限りません。そう考えたら、今の暮らしのありがたみに気づくはず。何もトラブルがなく、あなたが「おおざっぱすぎる」状態でいられるのは、じつはとてもラッキーで幸せなことなのです。

そう思えたら、今すぐ心のなかで「ありがとう」とつぶやいてみてください。「ありがとう」は魔法の言葉。エネルギーを高めるいちばんのワードです。

美人のルール24 ―― 存在自体が周囲を明るくする

NGな言動 ―― 存在自体が周囲を暗くする

ただいるだけでその場の空気が明るくなる人の魅力の秘密は、じつはその人の性格やキャラクターではありません。もともと社交的な性格でなくても、フレンドリーなキャラクターでなくても大丈夫。**誰でも、その人が自分らしくありのま**

までいられさえすれば、自然と内側から幸せなエネルギーがあふれ出し、まわりまで明るく照らしはじめるようになります。

「人と話すのが苦手」「大勢でいるとなかなか自分が出せない」という人でも、自分らしくありのままでいることで「安心感」や「信頼感」という形で明るく輝きはじめます。

無理に大きな声で笑おうとしなくてもいいし、その場を盛り上げようとおどけてみたりしなくても十分、いるだけでまわりを明るくする存在になれるのです。

自分らしくありのままでいるためには、ゼロ化のワークをします。ニュートラルな状態でいいエネルギーを身にまとったあなたには、ますます幸せなことが引き寄せられてくるでしょう。

ゼロ化のワーク

166ページを参照してください。

美人のルール25 ――人生においても仕事においても意欲的

NGな言動 ――人生においても仕事においても意欲がない

もしも今、「人生においても仕事においても意欲が湧いてこない」という人は、ありのままの自分に戻っていない状態が続いているのかもしれません。

ありのままの自分に戻っていない状態でいるのは苦しいことです。宇宙からのエネルギーを活用することもできないため、どんなに頑張っても決していい結果を出せないからです。

ありのままの自分に戻ることができれば、フルにエネルギーを活用することができるので、頑張らなくても、恋愛も仕事も、人生がすべてうまくまわっていくようになります。

ありのままのあなたがワクワクできることに、あなたの使命は存在します。ワクワクすることが、多くの人を美しくする美容系の仕事である人もいれば、家族を笑顔にするおいしいご飯をつくることである人もいます。世界中の人が救われる薬を研究することである人もいれば、その薬を広めることにワクワクする人もいます。

ありのままの自分に戻るためには、やはりゼロ化のワークがおすすめです。

ありのままの自分で幸せになることは、必ずしも有名な会社にお勤めすることやお金持ちになることではありません。

幸せを外に求めるのではなく、自分のなかに愛を見つけましょう。大切なのは、あなたが幸せになることです。

意欲的になるためのワーク

次の呼吸法をやりましょう。

大地から大きくエネルギーを吸うイメージを持ち、それをおでこに集めて、そこから息を吐く。これは、生命エネルギーをアップするワークです。今の自分をリセットしたい！　という時にとても有効です。

ゼロ化のワークとの合わせ技であなた自身をパワーアップさせます。

Epilogue

おわりに

思考に気をつけなさい、それはいつか言葉になるから。
言葉に気をつけなさい、それはいつか行動になるから。
行動に気をつけなさい、それはいつか習慣になるから。
習慣に気をつけなさい、それはいつか性格になるから。
性格に気をつけなさい、それはいつか運命になるから。

これは、マザー・テレサの有名な言葉です。
私たちが毎日、ふと心で思っていることや、なにげなく口にしている言葉が、自分自身の未来の運命を決めるとしたら、今、この瞬間から意識を変えていく必要があると思いませんか？

幸せと不幸せを分けているのは、自分の思考。そのことに気づいた人から幸せになっていくのです。

「幸せだな」と感じている時に宇宙のエネルギーは高まります。

あなたの心がいつも幸せな気持ちで満たされていれば、運命の相手であるツインレイにも出会いやすくなるのです。

宇宙からのエネルギーは、選ばれた人だけが受け取れるのではなく、誰もが日常生活で感じとることができるもの。ほんの少し、意識やとらえ方を変えただけで、現実の世界で起こることがドラマチックに変わっていきます。

この本を読んで、「本当の自分」に戻って毎日を過ごせるようになれば、自分らしさ全開のあなたが生きる世界はますます流れがよくなり、なんでも思いどお

Epilogue

りにいくように感じるはずです。

同時に、幸せになる仕組みは想像以上にとてもシンプルだということもわかるでしょう。

幸せは誰かによってもたらされるものではなく、自分の手でつくっていくもの。あなたが自分自身を幸せにしてあげることができた時、あなたを愛してくれるツインレイが必ず現れます。

最後になりましたが、この本を手に取ってくださったことに深く感謝します。

最後までお読みいただき、あなたの人生が好転するお手伝いができたら、著者にとってこんなに幸せなことはありません。

大原彩奨

~マリアージュ Mariage~
運命の相手に出会う新法則

2021年1月30日　第1版第1刷

著　者　大原彩奨

発行者　後藤高志
発行所　株式会社廣済堂出版
〒101-0052
東京都千代田区神田小川町2-3-13 M&Cビル7F
電話　03-6703-0964（編集）
03-6703-0962（販売）
Fax　03-6703-0963（販売）
振替　00180-0-164137
URL　https://www.kosaido-pub.co.jp

印刷・製本　株式会社廣済堂

編集協力　山口佐知子
企画協力　河越梨江
イラスト　クリタミノリ
ブックデザイン・本文DTP　清原一隆（KIYO DESIGN）

ISBN978-4-331-52315-5 C0095

巻末特別画像

無条件の愛のエネルギー

次のページの画像を、
頭、もしくはハートに１日５分くらい当てて、
愛のエネルギーを満たしてください。

愛のエネルギーで満たされることによって、
あなたの本来の魅力が輝き出します。

婚活中の方は、無意識にその愛が伝わり、
相手にとってあなたがとても心地のよい存在として
認識されるでしょう。

恋愛に発展する可能性も高まります。

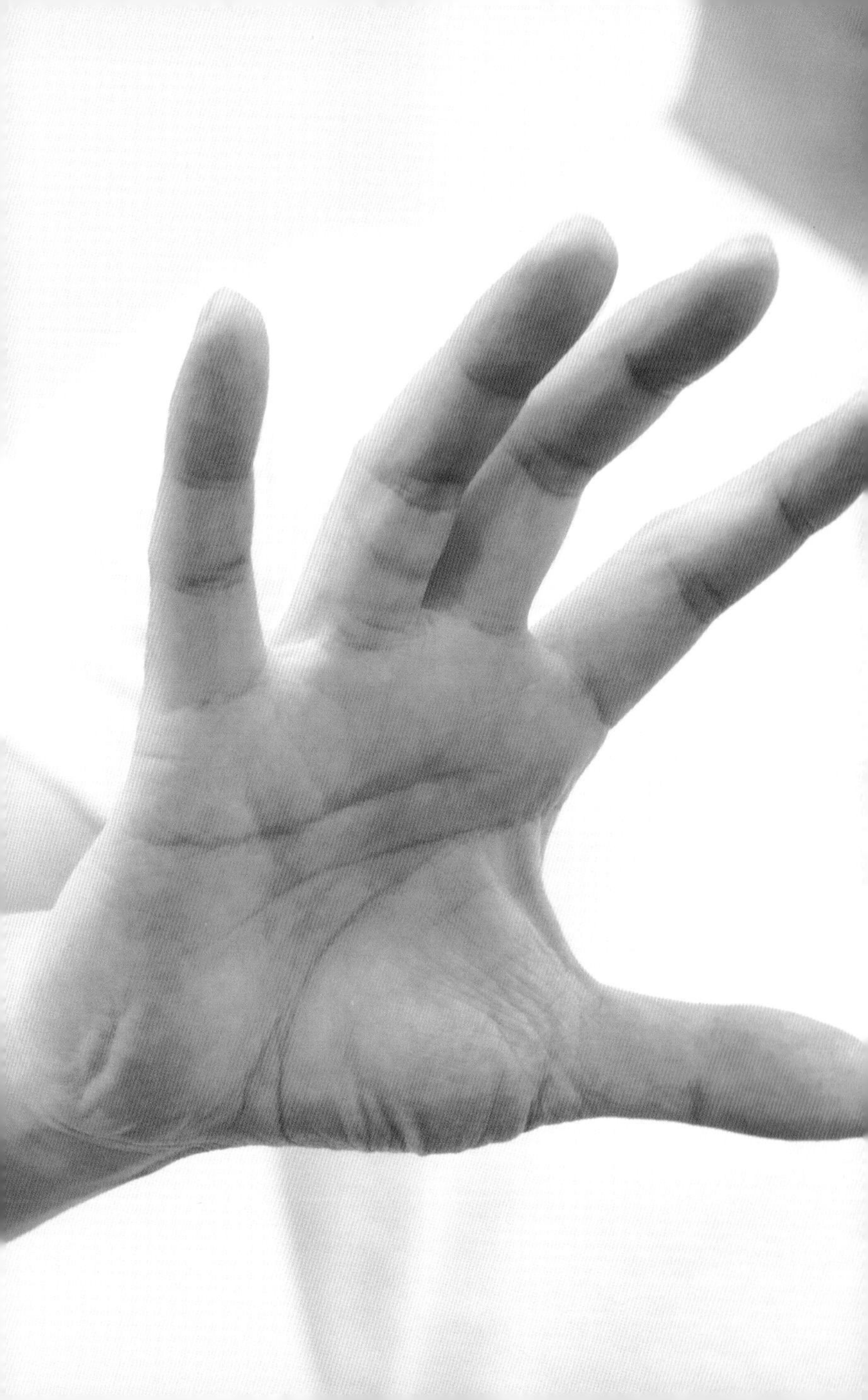